名师名校名校长

凝聚名师共识
回应名师关怀
打造名师品牌
培育名师群体

程红兵遥題

新手班主任成长手册

刘　静　祁　菲 ◎ 主编

西安出版社

图书在版编目（CIP）数据

新手班主任成长手册 / 刘静, 祁菲主编. -- 西安：
西安出版社, 2024. 10. -- ISBN 978-7-5541-7807-2

Ⅰ. G451.6-62

中国国家版本馆CIP数据核字第2024AM6521号

新手班主任成长手册
XINSHOU BANZHUREN CHENGZHANG SHOUCE

出版发行：西安出版社

社　　址：西安市曲江新区雁南五路 1868 号影视演艺大厦 11 层

电　　话：（029）85264440

邮政编码：710061

印　　刷：北京政采印刷服务有限公司

开　　本：710mm×1000mm　1／16

印　　张：16

字　　数：254千字

版　　次：2025 年 3 月第 1 版

印　　次：2025 年 3 月第 1 次印刷

书　　号：ISBN 978-7-5541-7807-2

定　　价：58.00 元

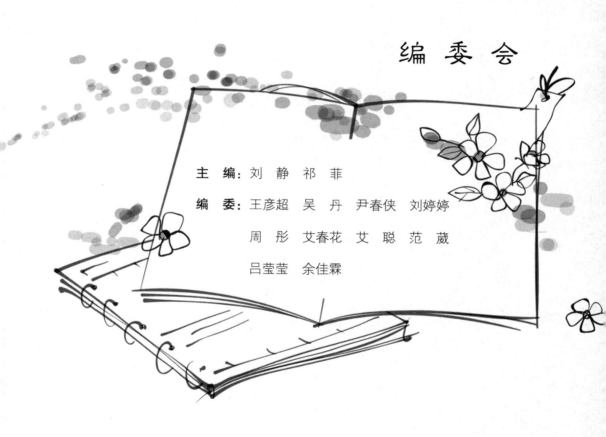

编 委 会

主 编：刘 静　祁 菲

编 委：王彦超　吴 丹　尹春侠　刘婷婷

　　　周 彤　艾春花　艾 聪　范 葳

　　　吕莹莹　余佳霖

序言

习近平总书记在中国共产党第二十次全国代表大会上指出：我们要坚持为党育人、为国育才，办好人民满意的教育。

2009年8月，教育部印发的《中小学班主任工作规定》中也明确指出：班主任是中小学日常思想道德教育和学生管理工作的主要实施者，是中小学生健康成长的引领者，班主任要努力成为中小学生的人生导师。班主任是中小学的重要岗位，从事班主任工作是中小学教师的重要职责。教师担任班主任期间应将班主任工作作为主业。

在过去，受"一考定终身"等旧观念影响，对教育的评价形式比较单一；优质学位紧缺、教育资源不均衡等问题使得家庭教育和学校教育都出现"重分轻能""重智轻德""急功近利""家校错位"等现象。在社会发展、科技进步的大背景下，人们的教育理念不断迭代更新，不断推动着教育体制、教育模式的完善和转型。家庭教育是学生成功的基石，学校教育是学生成长的保障，两者相辅相成，同等重要。"育人的根本在于立德"，因此，学校教育中德育工作的重要性日益凸显。学校工作千头万绪，而德育工作的有效开展，才能既保证学生的成长发展，又能促进学校的素质教育与社会主义整体发展方向保持高度一致。

"师者，所以传道受业解惑也。"而传道授业既要教授知识、技能，也要教会学生方法、思维，更要能够向学生传递正确的世界观、人生观、价值观，培养学生的人格品质，引领学生成长成才。

教师是学校教育工作的实施者，而班主任更是德育工作的直接组织者、参与者、管理者、协调者。为什么要做班主任？做什么样的班主任？都是需要广

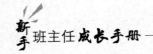

大教师，特别是新入职教师深入思考的问题。从最浅层次来讲，做班主任是职称评聘的硬性条件；从中层次来讲，成为一名班主任，直接参与班级管理、家校联络，与学生相处的时间和机会更多，且能真正深入育人一线，引导学生完善人格，指导家庭教育，不断追寻教育的真谛；从更深层次来讲，班主任之路于自我是一场修行、一场永无止境的自我提升。

很多优秀的班主任都有自己一套独特的管理理念和管理方法，也有很多不同的成功的经验。但他们共同的感受就是：当一名教师不容易，当一名班主任更不容易。我们需要用慈母、慈父般的爱心和耐心，给学生营造一个安全、健康、积极向上的成长环境，为学生的成长、人格的完善和发展负责。一个好的班集体，不仅需要领导的关怀和支持，需要家长和社会的密切配合，更加需要每位老师的辛勤工作，而作为班主任，需要整合这些资源，带领着自己的班级团队、科任团队、家长团队，一群人、一条心，做一件事，时时处处体现出一位班主任的担当。

作为一名班主任，我一直都抱有饱满的热情，坚信教育是塑造未来的伟大力量。这本书梳理了众多一线教师的教育经验、见解和理念，同时探讨了我在教学中的挑战、成就以及心灵的触动。本书主要通过班主任自我定位、带班理念，剖析班主任角色的演变；通过班级建设的诸多方面，包括愿景打造、制度实施、建设妙招等，提供可复制的成功样本；通过一线班主任的沟通、教育等解决冲突实例，提供一些常见问题解决策略。本书还囊括了优秀的班会设计案例。希望通过这些篇章，我们可以共同探讨如何成为更出色的班主任，如何引导和启发学生的成长。

一位优秀的班主任一定要以事业心、责任心作为自己的源动力，不断升级教育理念，创新教育方法。一位优秀的班主任一定是能够在"感性"与"理性"的边界，恣意游走、信手拈来。一位优秀的班主任更应该是经历了各种被误解、委屈、疲惫、沉淀之后，仍能不忘初心、丹心热血、匠心育人、奋楫笃行！

感谢您的阅读，愿这本书能够成为您在班主任起步之路上的良师益友。

祁菲

目 录

第三章　沟通艺术：努力成为教育助推器

第四章 巧解难题：巧妙解决突发事件

第五章 创意设计：灵活运用班会课设计

第一章

做好自己：
做好班主任的条件

1

第一节 班主任角色定位

深圳高级中学（集团）北校区 祁菲

"我是谁，我从哪里来，我要到哪里去？"这不是一个纯粹的哲学问题，它持续地存在于人类的精神世界中。中国古典哲学中"人之初，性本善"的性善论占据很重要的位置，其中提到的是向善的"心"。除了对本性的思考，我们漫长的一生中还要考虑后天的环境、际遇等对人性格发展的影响，从而回答我们如何成长为现在的自己。"去哪里"是我们对人生目标的一次次探寻，我们能够看到眼前的路，也能在一定程度上主导道路延伸的方向，因此对自己的人生有清晰而明确的目标至关重要。

作为班主任的我们，需要用哲学的智慧去探究教育中遇到的各种问题的解决办法，我们同样要在工作中问问自己：我是谁？我要做什么？我应该怎样去做？"师者，所以传道授业解惑也。"为人师不但要承担知识教授的任务，而且要拥有极强的社会责任感，教育之路上我们要不断明确：培养什么样的人？为谁培养人？如何去培养适应未来社会发展的人？在学生学业有疑惑时，我们必须用强大的专业知识储备帮助学生启迪智慧，我们是知识的传播者；在学生出现思想、行为、心理等问题时，我们要晓之以理、善加引导，我们是学生的心灵引路人；在亲子关系剑拔弩张时，我们需要给予及时的教育对策和指导，我们是家庭教育的指导师；在班级出现师生矛盾、生生矛盾时，我们要化解冲突、解决问题，我们是出色的民事协调家；在遇到班级活动、学校活动时，我们还必须是优秀的策划者、组织者、演说家……

而所有这些角色当中，有几个最为重要的角色任务，相信能够帮助大家回答
"我是谁"的问题。

一、班级目标的设计师

班主任在接手新班级时，首先要做的就是设计制作好"带班育人方略"，它是班级建设的蓝图和模板，发挥着方向性、引领性的作用，所有教育目标、育人活动、管理策略都要围绕"带班育人方略"展开。班主任在制订"带班育人方略"时，要始终以"立德树人"为基本出发点，"以生为本"遵循学生身心发展基本规律，在对班级进行深入、细致的了解和调查的基础上，运用相关教育理论作为支撑，同时关注"带班育人方略"的实践价值。

以初中为例，班级目标可以有长期目标，如三年期长远规划：三年的集体浸润要达成的目的，学生要具备的能力、品质等。进而可分解为中期目标，如初一可侧重养成教育，包括文明礼仪、卫生习惯、学习习惯、合作精神、作业评价反馈等；初二可注重交往能力的培养，如正确认识自己、同伴交往、亲子关系、社会联系等；初三可侧重"人文情怀"，如自我成长、生涯规划、服务社会、责任担当等。

班级目标的设计是班主任综合素养、教育理念、人格魅力的综合体现，引领班级的创建和发展，可充分体现班主任的育人特色。

二、班级发展的引航员

目标的达成必须依靠制度强有力的保障，我们所看到的优秀班级，无一不有明确的责任制度、奖惩机制。制度想要落到实处，就需要从它的制订上下功夫，是教师的"一言堂"，还是班主任引导下学生的"集思广益"，二者效果相去甚远。如果班级制度仅由班主任制订，虽然可以反映班主任对班级的规划、对学生的要求，但是却扼杀了学生的主观能动性。班集体因为有了众多不同的生命个体，才得以闪闪发光，而我们只需要在班级愿景层面加以引导，就可以博采众长、集合众智，打造出最适合自己班级的制度文化。

一个优秀的班级不仅需要建立制度，更需要营造温馨的环境，这种文化

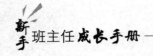

布置不仅能够促进学生全面发展，还能够使学生有归属感，因此营造一个文化场、交际场，师生平等、友爱、和谐的心理场是很有必要的。

三、班级事务的协调者

班主任事务众多，大到班会、家长会、社会实践等集体活动的组织和班级文化的营造，小到垃圾桶的位置摆放、打扫卫生的时间规定等。合理安排众多的班级事务，既需要班主任有很强的时间管理能力，又需要班主任有非常强的协调能力。有一个非常有趣的题目："孩子哭了，电话响了，水烧开了。你会按照什么顺序解决？"作为班主任可能难免会遇到这样类似的问题，很多时候我们的认知和性格会决定我们处理事情的方式，愿在教育的路上我们永远能够平和、从容、沉着地应对突如其来的事件。

四、学生心灵的疗愈师

作为班主任，我们少不了与班级学生谈心交流，如在他们作业没有完成、学业有困惑时，又如在学生考试失败、意志消沉、家庭不和、人生受挫之时。班主任还要拿出一百分的耐心，细致聆听学生的困惑倾诉，解决学生在生活、学习中的问题，在不断解决问题的过程中，班主任也会收获学生的信赖，这无疑是工作更好开展的助燃剂，也是师生和谐关系的催化剂。

所以，班主任需要学习心理学，掌握基本的沟通技巧和艺术，这是我们成为合格心灵疗愈师的关键所在。

五、学生发展的引路人

作为一个有思想情感的行为个体，我们需要更加关注学生的全面发展。我们的生活经验和社会阅历都远在学生之上，帮助学生明辨是非、摒弃不良思想和行为的侵蚀、矫正学习生活上的问题、扫清他们前进道路上的障碍物、鞭策他们朝着既定目标努力，应该是每一个班主任肩负的责任。班主任要用扎实的专业基本功和发展的眼光不断促进学生人格的完善，用自己高尚的品格不断浸润每个生命的成长。

第二节 班主任必备技能

深圳高级中学（集团）北校区 周彤

一、自我心理调适

李希贵老师说："今天教师的劳动性质，更多的是一种情绪劳动。中小学教师面对的是未成年人，他们正处于快速成长期，情绪和心理都不稳定。这就要求老师必须有稳定的情绪，能够更好地管理自己的情绪，并通过对自我情绪的管理影响学生，帮助他们建立稳定均衡的情绪和心理状态。"

作为新入职的老师来说，既要尽快适应教学工作，还要解决各种管理问题，新手班主任总是分身乏术。常规管理、班级活动、校园活动、突发事件处理等，这些都是班主任需要处理的工作，琐碎又繁多的工作内容会给我们带来疲惫感，它不仅影响我们的工作心态、教育心态，也会对我们的身体健康产生很大影响。班主任的焦虑主要来源于学生问题的处理，要从根本上解决焦虑问题，参加专业化的培训必不可少，同时，情绪和心态的自我调适也不可或缺。

学生的问题总是发生得突然，很多时候会让我们非常生气，此时我们的呼吸、心跳越来越快，如果不加以控制，下一秒我们一定会通过提高音量来呵斥学生。

班主任在数次发火后，小学生可能就会送给我们"最凶老师"的称号；高中生可能从此不再对我们打开心扉，他们会用无声的对抗来阻碍班级的管理工作；而处于叛逆期的初中生可能会与我们产生激烈的冲突，他们的言行会越来越叛逆。如此恶性循环下去，原本的小事情并没有得到妥善处理，反而会生出更多棘手的问题来。

在我担任班主任以来，处理过很多次学生之间因小事而产生的口角矛盾或肢体碰撞。刚做班主任不久的某天，班长急匆匆地跑来办公室找我，说有两位同学在课上吵得不可开交，导致课上不下去了。我听到后立刻火冒三丈，事情还没有处理心里就已经开始不爽了："这些学生真不省心，又给我惹事了。"我气冲冲地闯进教室，用嘶吼的声音把两位吵架的学生喊出了教室，对他们劈头盖脸地训斥一顿。整个过程我的情绪一直处于非常激动的状态，完全不听他们吵架的前因后果，一味追着他们扰乱课堂纪律的问题不断地批评，最后学生也只能"屈服"于我的怒火，不情不愿地写了检讨。在我以为这件事已经处理好了的时候，这两位同学又发生了肢体冲突，其中一位同学去医院缝了针，学生的小矛盾变成了两个家庭的拉扯，而我夹在中间尝到了不少"苦头"。这件事后我痛定思痛，反思自己当时的心态和处理方式确实欠妥，如果能够适当地控制自己的情绪，多了解一下他们的矛盾，或许就不会有第二次的冲突了。在之后处理学生矛盾时，我将以前的内心戏"这些学生真不省心，又给我惹事了"改为"学生本来就调皮，出点问题很正常，只要他们没有出安全事故就好解决"。一旦主动转变了心态，生气的情绪便烟消云散，随后我会先找学生了解情况，再心平气和地引导学生共同处理矛盾，不再给他们"积怨"的机会，问题也就迎刃而解了。

因此，新手班主任在遇到学生犯错误时，请深呼一口气，默默提醒自己不要发脾气，要心平气和地与学生沟通。当学生遇到困难时，请不要急躁地催促他，而要热情地鼓励；当学生产生迷茫的情绪时，请不要冷漠地置之不理，而应该耐心引导他；当学生有进步时，请不要冷酷地说"继续努力"，而要真诚地祝福，肯定他的成果；当我们无法控制内心的愤怒时，若不是安全问题，我们也可以强迫自己选择暂停处理，回办公室独自思考策略，或与其他同事讨论一下现状，待情绪平静后再选择处理问题的方案。而在与学生或家长沟通时，常常会面对一些无法暂停处理的情况，我们可以多聆听少发言，适当的沉默既可以让对方的情绪变平缓，也可以给我们留一些时间思考处理的方法，避免双方都出现怒火中烧的情绪。

二、专业能力

作为新手班主任，在面对繁杂的班级工作时可能会手足无措，但班主任是班级管理的第一责任人，要想做好班级管理，只有努力学习、增强各种专业能力，在学生面前树立良好的教师形象，才能更好地为班级管理、德育工作服务。优秀的班主任应具备以下六个专业能力。

（一）理论储备

具有丰厚的理论知识储备和文化底蕴是班主任必备的专业能力之一。除了教育学、教学心理学、教育学史等知识以外，我们还要涉猎更多的知识。读书便是提升专业知识素养的有效途径，苏霍姆林斯基曾在《给教师的建议》一书中强调教师要"每天不间断地读书，跟书籍结下终生的友谊"。我们要从书籍中学习教育教学的基本理论、心理学知识以及各年龄段学生的身心发展特点、现代科学技术的一般常识等等。教师丰富的文化知识不仅能提升自己的理论素养，还能拓展学生的精神世界，激发学生的求知欲。

在大量的阅读中我们能获得理论知识，但要将理论付诸实践，就需要进行反思，教育教学反思是我们获取实践性知识、增强教育能力、生成教育智慧的过程。"纸上得来终觉浅"，反思就是将理论知识作为"尺"，来衡量、比较与评价自己在处理班级事务时的情绪、行为与语言，以求下次遇到同类问题时可以处理得更好。

在理论知识的储备过程中，一个人的力量总是有限的，"独行速，众行远"，我们可以通过听课评课、经验交流分享会、集体研讨等方式与同事之间加强学习交流，将书本上习得的知识进行剖析，达到融会贯通。

（二）管理能力

一个班级就是一个小社会，具有凝聚力和创造力的班集体一定离不开班主任用心的管理。管理班级要让学生团结在自己的周围，新手班主任可以从以下三方面着手，逐步提升自己的管理能力，最终形成自己的管理风格。

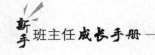

1. 制订班级制度

"无规矩不成方圆"，制订班级管理制度是促进学生良好行为规范的必要途径，也是建设良好班风的必备环节。

新班级在组建时就要制订好班规，确定好底线。制订班规的时候班主任要把握方向，不要一人制订，要让学生一起参与进来，共同讨论决定内容。班规可以涵盖课堂、课间操集会管理、劳动卫生管理、安全文明事务等内容，但不要过多，太多条规定不利于班主任执行，也不利于学生坚持遵守规定。之后班主任可以在班会课上组织学生学习每一条班规，并准备有仪式感的宣誓及签名仪式，要求每位学生在同一张卡纸上签名，最后将卡纸装裱挂在班级的事务公告栏中，时刻提醒每位学生要遵守班规。

在班规执行的前期，对于原则性问题、安全隐患问题，班主任一定要严格对待绝不姑息，一旦有学生触犯班规的底线，就要严厉批评，可以参考《中小学教育惩戒规则（试行）》进行适度地惩戒。但一味地"铁面无私"会让班级氛围非常紧张，不利于师生关系的良好发展。因此，"严格而不失温暖"应该是班主任管理班级的最佳状态。

某班级要求跑操时偷懒的学生放学后要在体委的监督下双倍补跑。一直以来这条规定都在非常严格地执行，直到有一次班主任在跟操时发现班里一位内向的女孩子总是跟不上班级跑操的速度，观察了几天后还发现她有时候会比别人少跑一圈，按照班规这就是"偷懒"了，但班里从未有同学指出过她的"偷懒"。班主任心里开始犯嘀咕："这是集体包庇吗？会不会很多学生都被包庇过呢？由于事出反常，班主任并没有直接要求体委监督这个女生去补跑，而是找了当事人和几位学生询问后，才了解到这个女生从小身体素质较弱，最近半年遇到了生理期紊乱，一个月总是来两次例假。由于她性格过于胆小不敢直接告诉老师，班里的几个好朋友知道后帮她出了这个慢跑"偷懒"的主意，并且私下发动班里的同学一起为她作掩护。知道实情后，这位班主任先及时调整了班规：生理期会感到不适的女生每个月可以请两天上操假，请假期间可以选择慢跑或休息，无须补跑；接着，在班会课上肯定了学生们互帮互助、关爱同学的行为，同时指出大家用隐瞒的方式帮助同学是不当的，而应该寻求老师的帮助。学生们感受到了老师的温暖，跑操偷懒的人越来越少，集体包庇的现象也没有再发生，因为他们知道，违反班规必然会受罚，但遇到困难时，班主任也会伸出援手，提供解决问题的办法。

2. 学生自主管理

班主任工作如果做得事无巨细，只能说做得很有心、很勤劳，但并不一定有利于班级的管理，如果教师管得越细，学生自主管理的能力就会越弱，班级问题就会越多。我们可以把班集体看成一个小社会，为它制订道德标准，设定班规条例，让每个学生参与到班级事务的管理中，让人人有事做、事事有人管，小的问题由学生自己消化，大的问题我们再出手。

在设定班级事务的管理岗位时，一定要细分成非常具体的工作，让学生可以清楚地知道这项工作需要自己做什么，在班会课上再由学生主动报名竞选，班主任进行微调来确定每位学生的职责。班务管理分工及劳动分工可参考下表中的安排，这种方式能够增强学生的班级归属感，从而提高他们的责任心、自信心以及自主管理的能力，见表1-2-1、表1-2-2。

表1-2-1　班级工作安排表

班长								
课代表	语文	数学	英语	历史	物理	道法	生物	地理
眼保健操管理员								
德育积分管理员								
电器使用管理员								
卫生委员								
公共区域卫生监督员								
体育委员								
课程表管理员								
午休前自习、午休管理员								
集会、外出管理员								
早读负责人								
文艺委员、板报小组管理员								

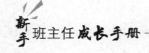

续表

窗帘管理员	
学习小组长	

表1-2-2　值日劳动分工

工作要求	1组	2组	3组	4组	5组	6组	7组
上午擦黑板；保持课间操时教室的卫生；放学后卫生大扫除监督							
下午擦黑板；放学后洗黑板、粉笔槽；清理柜顶							
扫地							
全天课间捡垃圾；摆桌椅							

考虑到学生的自控能力有限，一段时间后可能会出现消极怠工的状态，班主任还可以利用一些电脑软件来管理学生，如班级优化大师，班主任可以在软件中设置表扬及待改进的加减分项目，由专职学生负责给班级同学加减分，再利用小组评比、个人评比的结果来选择座位，对每月表现优秀和进步较快的学生进行表扬，颁发表扬信及奖励。而表现欠佳的小组或个人就要表演才艺，在其他同学的欢呼喝彩中体会集体的力量，通过提升集体荣誉感来约束自己的行为。

（三）沟通能力

作为教师，我们不能只在学科课堂上侃侃而谈，而在人际交往中变成"社恐"。沟通不到位会带来各种各样的问题，严重时会造成对教师各方面工作能力的质疑，影响到工作的积极性，因此提升沟通能力必不可少。

1. 沟通对象

班主任工作中，沟通的对象主要有三类群体：家长、学生及同事。

第一，家校沟通。班主任和家长之间，必须经常交流沟通，从而形成围绕学生教育而展开的协作关系。沟通过程中需要注意的是沟通内容和方式客观公正，不带偏见。班级的共性问题可以在家长会上或微信群里交流，个性问题必须单独交流。

第二，师生沟通。学生在成长过程中，除了父母家人外，影响最大的莫过于班主任。班主任的言谈举止、工作态度、思维方式、为人处事都是教育行为，无不对学生产生巨大影响。所以，班主任要语言文明、举止得体、热爱工作、关心学生。很难想象，一个语言粗俗的老师、一个动辄发怒的老师、一个偏心的老师、一个上课不认真的老师，怎么能让学生信服。所以说，老师其身正，不令则行。学生就是在对老师的无意模仿中长大的，老师的示范作用十分重要。

另外，班主任要具备一定的心理咨询能力。学生成长过程中的困惑会经常出现，特别是学生青春期时，反应会更剧烈，有的是认知上的偏差，有的是心理上的纠结，有各式各样的想不开或想不通。班主任应该掌握一定的心理学知识，善于观察，善于倾听，耐心细致，真诚关心，要通过与学生谈心来缓解学生心理上的焦虑或问题。

第三，同事间的沟通。新手班主任在工作中常会遇到困难与瓶颈，孔子曰："三人行，必有我师焉。"我们可以向身边有经验、有想法的同事"取经"，在他们的帮助下能够更好、更快地解决问题。因此同事间的良好沟通也能为我们的工作助一臂之力。

建立良好的同事关系需要我们努力让自己的付出多于回报，可以在工作中不断地用各种方式帮助其他老师取得工作和生活上的便利，譬如共享你的知识与资源、时间与精力、沟通与交流、同情与关爱，从而持续地为身边的同事提供价值，与此同时，我们也在提高自己的价值。

2. 有效沟通的案例

几乎每位班主任都遇到过学生在学校多次违纪，如课堂上随意走动、大声讲话、扰乱正常教学的情况，按照《中小学教育惩戒规则（试行）》规定，班主任可以对多次违规违纪的学生进行停课反思处理，需要向家长告知惩戒决定，通过沟通来获得家长的支持，达到家校共育的目的。

新手班主任小李遇到这个情况在与家长沟通时，家长的第一句话便是："凭什么就让我家孩子去办公室站着？"李老师回复："讲话的都在办公室站着呢，我在和每个家长沟通。"家长又问："那上课老师干什么去了？

怎么不管课堂纪律？"李老师回复："管啊，他们不听啊，所以才让我处理啊。"家长继续问："那李老师你想怎么办吧？"在一开始的这段对话中家校沟通已经成为对峙的状态，因此接下来李老师告诉家长他的孩子在上周所写保证书里说如果再次违纪，将接受回家停课一天反思的惩罚。现在需要家长将其接回家，矛盾便激发，家长就与班主任争执了起来。这次的家校沟通并没有达成沟通的目的，反而让家校的关系变得有些紧张。

那么遇到此类的问题该如何进行有效沟通呢？这里就要用到与家长共情的沟通技巧。在这个案例中，班主任首先要向家长肯定孩子的本质是不错的，只是正处在好动、自律性弱的年龄段，在给家长打电话时讲清楚事件的前因后果："上周他连续犯错，我没跟您说，想着我好好教育教育就行，他还跟我保证，再犯就停课回家写反思。孩子本质不错，认错态度也很端正，就是经不住诱惑，课堂上一有个风吹草动，他就凑过去了，屡错屡犯。"同时在与家长沟通时表明自己的立场，停课反思是为了让孩子认识到自己愿意接受的惩戒方式不是纸上谈兵，再次犯错就要承担后果，而对于落下的学习进度可以向家长提供一些建议，比如向科任老师要课堂资料等。这样的沟通就能够和家长达成"共情"，那么接下来的事情就会好办很多了。

3. 提升沟通能力的技巧

新手班主任可以从以下四个方面提高沟通能力。

（1）保持积极的沟通态度。我们应该时刻保持积极的心态，保持开放、诚实、尊重和倾听的姿态，乐于与学生、家长和同事沟通，以建立良好的关系。

（2）提升心理素质。在面对家长和学生的抱怨、学生之间产生矛盾等情绪化的情境时，班主任首先要让自己冷静下来，要知道一切问题都是能够解决的。我们只有在紧张的场合中保持镇定，才能让有效的沟通继续进行。

（3）学会倾听。无论与谁沟通，都要认真耐心地聆听对方的意见和想法，在对方倾诉的过程中，不要随意打断他的发言，要时刻注视着他，并用眼神不断示意对方可以讲下去，要站在对方的立场去理解他的观点。

（4）增强语言表达能力。通过多读书、多写作、多听取和模仿优秀演讲者的方式来增强自己的语言能力。讲话的过程中应该使用简单明了的语句清晰地表达意见和观点，避免使用过于专业或难懂的术语，同时适当运用手势、面部表情、姿态等身体语言更加生动形象地表达自己的观点。

（四）组织策划能力

中小学班主任具备策划组织能力是十分重要的。从教育使命出发，班主任不仅是教学工作者，更是学生的引路人和家长与学生的沟通桥梁。我们需要策划并组织各类班级活动，以促进学生综合素质的全面发展。

班级活动为学生提供了表现自己的机会，培养和增强了他们的自信心，同时可以培养学生的领导力、团队合作和沟通能力，帮助学生在活动中得到锻炼，促进个人成长。班级活动可以增进学生之间的交流互动，增进友谊，营造融洽的班级氛围，有助于学习和生活的融合；丰富的创意活动能够使学习更富趣味，激发学生的学习兴趣。班主任通过精心策划的活动来关注学生的个体差异，帮助学生发挥自身潜力，有助于更多的学生在活动中找到适合自己的发展道路。

1. 组织策划班级活动

班主任要主导班级文化的建设，调动学生的积极性，与学生共同组织有意义的班级活动，可以从以下步骤着手策划。

（1）确定活动的目标。目标将成为活动策划的基础，可以是增进学生之间的交流，也可以是提升某项技能或传递某种价值观念，目标要符合时代价值观，遵循立德树人的要求。

（2）选择引人入胜且与目标相关的主题，可以激发学生的兴趣，让他们更愿意参与和投入。

（3）考虑学生的课程安排和家长的时间，选定一个合适的日期和时段，确保尽可能多的学生能够参与。

（4）要有个性化的设计。通过了解学生的兴趣爱好、年龄特点和教育需求，来设计活动内容和环节，使其更符合学生的身心发展规律，且具有教育性。另外，有趣的环节可以激发学生的参与兴趣，令活动开办得更有意义。

（5）在活动前积极进行宣传，吸引更多的学生和家长参与。

（6）为保证活动能有条不紊地进行，在前期就要制订详细的计划，包括开场、主要环节、物资、场地、人力资源、安全应急措施等，避免活动在进行中出现不必要的困难和中断。

（7）活动结束后，进行评估，总结活动的成效和不足，为以后的活动提供参考。

2. 提高策划组织能力的方法

（1）参加教育培训课程，了解教育心理学、领导学等相关知识，提升自己的活动策划和组织能力，不断学习新知识和技能，可以帮助班主任更好地应对各种挑战。

（2）学习其他优秀班主任的经验，了解他们在策划和组织活动时的做法和技巧。并在每次活动后进行反思，总结活动中的问题和亮点，不断改进。

（3）团队合作可以产生更多创意和解决方案，新手班主任可以与其他老师、学生和家长进行充分沟通与合作，共同策划和组织活动，充分发挥集体智慧。

通过学习、实践和不断改进，班主任可以不断提升自己的能力，组织出有意义的班级活动，推动班级文化的发展。

三、学习能力

（一）理论素养

理论素养是指教师对于自己所从事领域的理论体系、基本概念、原理以及相关研究和发展动态有深入理解和掌握的能力。这种素养不仅涵盖了专业知识的广度和深度，还包括对知识之间相互关联和应用的认识，以及在实际教学中将理论知识转化为有效教学策略的能力。

1. 班主任应具备的理论素养

（1）深厚的学科知识：班主任需要对自己所教授的学科有扎实的理论知识。这包括基本概念、重要理论、最新研究进展等。

（2）跨学科的视野：教育往往涉及多个领域的交叉，班主任还需要有跨学科的视野，能够将不同领域的知识结合起来，为学生创造更广泛的学习体验。

（3）教育心理学和教育方法学知识：班主任需要了解学生的认知和情感发展，以及有效的教学方法和策略，以便更好地指导学生的学习，满足学生的个性化需求。

（4）教育哲学和伦理素养：班主任需要思考教育的目的、价值观和伦理准则，以确保教育活动的合理性和道德性。

（5）持续学习和更新：班主任需要保持持续学习的意识，不断更新理论知识，积极跟进德育研究的最新发展。

2. 提升理论素养的方法

（1）持续学习：参加学术研讨会、研究课程、讲座等活动，保持对教育界最新动态的了解，不断学习的过程将使班主任能够更好地应对不断变化的教育环境。

（2）阅读专业文献：定期阅读教育领域相关的学术论文、著作和研究报告，深入了解前沿研究成果，以不断充实自己的知识库。

（3）讨论与合作：通过与他人互动，和同事、研究伙伴进行讨论，共同交流思想和见解，促进知识的共享和合作，可以获得不同的观点和思考方式。

（4）思辨和应用：将理论知识与实际教学情境结合，思考如何更好地应用理论来解决教育问题，从而提高班主任在实际教育过程中的效率和质量。

（5）多样化的学习途径：利用互联网资源、在线学习平台等多种途径获取知识，拓宽知识渠道，这不仅方便灵活，还能够满足不同学习风格的需求。

总之，理论素养对于班主任的管理能力和专业发展都至关重要。不断学习、思考和实践，能够提升班主任的理论素养，为学生提供更高质量的教育。

（二）科研能力

班主任具备科研能力是为了更好地指导学生的发展和促进班级的整体提升。科研能力使班主任能够深入了解教育领域的最新动态、教育心理学原理以及教育方法，从而更好地应对学生的学习和成长问题，为班级营造更好的教育环境。

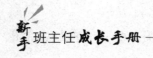

1. 具备科研能力的意义

（1）班主任具备科研能力可以更准确地了解每个学生的特点和需求，从而为每位学生提供更为个性化的指导和关注，帮助学生挖掘个人潜能。

（2）班主任能够运用科学方法解决学生在学习、行为、情感等方面出现的问题，帮助学生克服困难，同时培养学生学会解决问题，学会生活的能力。

（3）班主任具备科研能力可以了解教育领域的最新研究和发展，将这些理念和方法引入班级，推动教育改革和创新，使教育更适应时代的需求。

（4）科研能力使班主任能够更好地整合各类教育资源，为学生提供更丰富的学习机会和活动。

2. 提高科研能力的方法

（1）参加教育研讨会、培训课程、讲座等，了解教育领域的最新理论和方法。与同行、教育专家、学生家长交流，汲取宝贵的经验，分享见解，相互学习。

（2）阅读教育心理学、教育方法学、教育管理等相关书籍和学术论文，深入研究教育问题从而充实自己的知识体系。

（3）在实际工作中不断实践，然后反思实践过程，总结经验教训，逐步提升自己的教育指导能力。

（4）在日常的班级管理过程中发现值得研究的问题，开展小规模的科研项目，培养科研思维和方法，用实实在在的实践来逐步提升理论素养。

（5）拓宽知识领域，涉猎其他学科的知识，以获得更全面的视野和思维方式，推动多领域交叉融合。

通过以上方法，班主任可以逐步提升自己的科研修养，更好地履行教育使命，为学生提供更有价值的教育指导和支持。

第三节　班主任带班理念

深圳高级中学（集团）北校区　周彤　祁菲

一、班主任带班理念的七个原则

每个班主任都有自己的带班理念，这是班主任管理班级的核心。班主任在班级开展的各项活动或制订的各种规章制度，都是班级管理理念的体现。带班理念不是一成不变的，它需要与学生的身心发展及对教育的不断深入认识相适应，不断进行调整、优化和完善。然而，无论怎样变化，班主任的带班理念都应当遵循以下七个原则。

（一）以学生为中心

班主任的首要任务是关心学生的成长和幸福，将学生的需求、兴趣和潜力置于工作的中心，鼓励他们积极参与学校生活，实现自身的全面发展。这一理念促使班主任将学生的利益置于最高位置，确保教育活动和决策都有利于学生的发展。

（二）全面素质教育

全面素质教育致力于培养学生的综合素质，包括学术知识、道德品质、社会技能和创新能力，通过多样化的教育活动和项目，鼓励学生发展批判性思维和解决问题的能力。这一理念注重培养学生的多方面潜力，以使学生在未来的生活中更具有竞争力。

（三）个性化关怀

每个学生都是独特的，班主任要尊重和关心他们的个性差异，了解他们

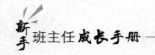

的需求和挑战，提供个性化的指导和支持，以确保他们能够充分发挥自己的潜力。这一理念强调班主任要与每个学生建立深刻联系，以满足学生成长的个性化需求。

（四）激发学习兴趣

班主任要努力创造积极的学习氛围，激发学生的学习兴趣，通过生动的教学方法、启发性的课程设计和实际的应用，鼓励学生积极参与课堂学习。这一理念将学习视为一种乐趣，促使学生能够主动参与到教育过程中。

（五）建立积极的班级文化

建立积极的班级文化有助于促进班级的和谐与凝聚力，鼓励团队合作和互助。班主任应该鼓励学生尊重彼此，建立互信关系，共同营造积极的学习氛围。这一理念关注班级整体氛围的建设，以创造支持学生学习和成长的优良班级环境。

（六）沟通与合作

及时的沟通和反馈对于解决问题和支持学生的发展至关重要。班主任应与家长和其他教育工作者建立紧密的合作关系，共同关注学生的成长。这一理念强调了协作和信息共享的重要性，双向奔赴的和谐家校关系有助于学生在学校和家庭之间都能够得到全面的支持。

（七）长期发展规划

班主任要帮助学生树立明确的目标和规划，鼓励他们追求长期发展，不仅关注眼前的成绩，还要培养未来的职业和生活技能。这一理念将学生的成长与变化视为一个长期的过程，"等一朵花开需要很多耐心和爱心"，而不是仅仅关注眼前的成就。

总之，班主任的带班理念应该注重学生的全面发展、个性化关怀、激发兴趣和培养综合素质，同时建立积极的班级文化，促进学生的健康成长。这些原则将帮助班主任更好地创建更有益于学生成长的环境，履行教师的教育使命。

二、不同理念在初中班主任班级管理工作中的应用

（一）立德树人理念在初中班主任班级管理工作中的应用

立德树人是中国教育改革的重要方向之一，旨在将教育从传授知识转变为培养学生的全面素养。初中阶段是学生性格和道德品质发展的关键时期，班主任在学生成长中扮演着至关重要的角色。本文旨在探讨立德树人理念在初中班主任班级管理工作中的应用，研究班主任如何通过教育引导和情感示范，培养学生的道德品质、社会责任感，以及积极的情感和价值观。本文将深入分析班主任的职责，探讨如何在教育过程中关注学生的全面发展，教育过程中不仅要注重学科知识，还要注重道德、情感和社会素养的培养，以培养更加全面的人才。

1. 立德树人理念的定义

立德树人理念是中国教育改革中的核心理念之一，其定义在于培养学生良好的道德品质、价值观念和社会责任感，旨在将教育从单一的知识传授转变为培养全面素养的过程。其核心理念强调教育的最终目标不仅是培养学生的学科知识，还包括塑造学生的人格、品德，培养他们的社会情感，使他们成为具备积极社会价值观念和道德素养的公民。在这一理念下，班主任在初中班级管理中扮演着关键角色，应该致力于引导学生全面成长，不仅要注重知识传授，还要注重道德教育和价值观的培养。

2. 立德树人理念在初中班主任班级管理工作中的应用策略

（1）建立道德典范

在初中班主任班级管理工作中，建立道德典范是应用立德树人理念的关键一步。首先，班主任自身的道德修养和榜样作用至关重要。班主任应以身作则，成为学生模仿的榜样，通过自己的行为和言谈展现出高尚的品德和积极的道德价值观。通过诚实、宽容、正直等道德行为，班主任可以影响学生的行为和价值观，激发他们的道德意识。其次，班主任还应积极培养学生积极的道德情感。这可以通过课堂教育、心理辅导以及校园活动等多种途径实现。班主任可以组织讨论和分享道德故事，鼓励学生思考和讨论道德问题，

帮助他们树立正确的价值观。最后，班主任还可以在学生日常生活中引导他们展示关爱、公平和友善的行为，从而培养积极的道德情感。通过班主任的道德榜样作用和积极的道德情感培养，初中班级可以成为道德教育的有效平台，有助于学生在成长过程中建立起坚定的道德信仰和积极的人格品质。这不仅有益于学生个人的全面发展，也有助于社会的和谐与进步。

（2）培养社会责任感

在初中班主任班级管理工作中，培养学生的社会责任感是立德树人理念的重要组成部分。为实现这一目标，首先，课程设计中的社会实践与志愿活动是培养学生社会责任感的有效途径。通过将社会实践和志愿活动融入课程设计，班主任可以帮助学生了解社会问题和需求，引导他们积极参与社会服务。这些活动可以涵盖环保、扶贫、慈善等各个领域，让学生深刻认识到自己的行为对社会的影响，并培养其关心社会、乐于助人的品质。其次，班主任应引导学生参与社区服务与公益事业。通过组织学生参与社区服务项目，如义工活动、社区清洁等，班主任可以让学生亲身体验社会责任的重要性。这种参与不仅有助于学生建立社会意识，还能培养他们的合作能力和领导才能，促使他们积极参与社会问题的解决。

（3）培养积极情感和价值观

在初中班主任班级管理工作中，培养学生积极情感和价值观是实施立德树人理念的重要一环。首先，心理健康教育与情感管理扮演关键角色。班主任可以引入心理健康教育课程，教导学生有效的情感管理技巧，帮助他们认识和处理情感问题。这包括情绪表达、冲突解决、应对压力等方面的培养，有助于学生更好地理解自己的情感，提高情感智慧，以及培养积极的情感状态。其次，班主任还应该引导学生形成积极的价值观与人生观。通过讨论伦理道德、社会责任和人生意义等话题，班主任可以激发学生的思考，引导他们建立积极的人生价值观。培养学生的道德判断能力和价值观念，有助于他们在面对各种选择和挑战时做出明智的决策，同时塑造积极的社会参与态度。

（二）五育并举理念在初中班主任班级管理工作中的应用

五育并举理念是中国教育改革的核心理念之一，旨在突破传统教育中仅注重学科知识传授的模式，将学生的全面素养和综合能力培养作为教育的关键目标。初中阶段是学生综合素质和特长发展的关键时期，班主任在学生成长中扮演着至关重要的角色。本文旨在探讨五育并举理念在初中班主任班级管理工作中的应用，研究如何通过班主任的引领和组织，培养学生的全面素质。

1. 智育：促进学术成绩与学习兴趣

在五育并举理念中，智育是一个重要的方面，它旨在促进学生的学术成绩和学习兴趣的全面发展。首先，提供个性化学习支持是关键。班主任可以与学生和家长合作，了解每位学生的学习需求和潜力。通过制订个性化学习计划、提供额外辅导或资源，班主任可以帮助学生克服学术困难，提高学业成绩。这有助于激发学生的学习兴趣，增强他们对知识的掌握和应用的自信心。其次，培养学术自信与独立思考是智育的重要组成部分。班主任可以鼓励学生积极参与课堂讨论、研究项目以及创造性地思考。通过鼓励学生提出问题、探索解决方案，并从失败中学习，班主任可以提升学术自信心，学生能够锻炼独立思考和解决复杂问题的能力。

2. 体育：鼓励身体健康与团队合作

五育并举理念中的体育部分着重培养学生的身体健康和团队合作能力，对初中班主任的工作具有重要意义。首先，体育课程与校园体育活动的丰富安排是关键。班主任可以与体育教师和学校体育部门紧密合作，确保学生有充分的体育锻炼机会。通过多样化的体育课程和丰富的校园体育活动，学生可以提高身体素质，养成健康的生活习惯，增强体力和耐力。其次，班主任可以积极培养学生的团队精神与领导能力。通过组织体育比赛、集体训练和合作项目，班主任可以帮助学生学会与他人协作，培养团队合作的技能。同时，班主任也应鼓励学生担任领导职务，如队长或协调员，培养他们的领导能力和责任感。

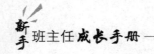

3. 德育：弘扬道德品质与社会责任感

德育在五育并举理念中占有重要地位，旨在培养学生的道德品质和社会责任感。首先，道德教育与品德培养在学生成长过程中是不可或缺的。班主任可以通过讨论伦理道德、探讨社会价值观、分享道德故事等方式，引导学生思考道德问题。通过提供道德课程和教育材料，班主任可以帮助学生理解道德原则、规范和伦理标准，培养他们的道德判断力和决策能力。其次，班主任可以鼓励学生参与社会服务与义工活动。通过组织义工团队、参与社区服务项目或慈善活动，学生可以亲身体验社会责任感和公益意识的重要性。这种参与有助于培养学生的社会情感，让他们更关心他人的需求，愿意为社会做出积极的贡献。

4. 美育：培养审美情感与创造力

在五育并举理念中，美育的目标是培养学生的审美情感和创造力，使其在艺术和文化领域得到全面发展。首先，提供丰富的艺术教育与文化活动。班主任可以协助学校组织各种艺术和文化活动，如音乐会、画展、戏剧表演等。这些活动不仅可以让学生欣赏不同形式的艺术，还可以激发他们的艺术兴趣，培养审美情感。此外，学校可以开展艺术课程，让学生有机会学习绘画、音乐、舞蹈等艺术形式，培养他们的艺术技能。其次，班主任可以鼓励学生参与创作与表现。学生可以通过写作、绘画、音乐创作等方式表达自己的想法和情感。班主任可以设立艺术角落、文学社团或音乐团队，鼓励学生展示他们的作品，并提供反馈和支持。

5. 劳育：加强教育环节的实践教育

五育并举理念中的劳育部分旨在培养学生的实践能力，使其在未来的职业生涯中具备所需的技能和知识。首先，提供实践机会与实习项目是关键。班主任可以与学校、社区和企业合作，为学生提供各种实践机会，如校内实验、社区服务项目和企业实习。这些实践机会不仅可以让学生将理论知识应用于实际情境中，还可以帮助他们探索自己的兴趣。其次，班主任可以支持学生参与各种活动加强实践技能培养。通过举办学术讲座、提供实践活动咨询和引导学生进行自我评估，班主任可以帮助学生明确自己的实践方向和未来发展路径。

（三）人文关怀理念在初中班主任班级管理工作中的应用

初中生正处于身心发育的关键时期，在进行知识学习时，也会产生一些烦恼，对学习产生一些负面情绪，如厌学、弃学等。因此，为了真正帮助初中生高效地投入生活与学习过程中，班主任在开展班级管理工作时，应该将人文关怀理念渗透进来，调动学生的学习积极性和热情，帮助学生树立正确的三观，使学生全身心投入学习过程中，提升自身的知识素养。

1. 强化情感交流

初中班主任在开展班级管理工作时，应该强化与学生彼此之间的沟通交流，有效构建和谐师生关系，确保人文理念的有效融入，帮助学生真正地与教师建立信任感，强化学生的人文意识与精神。因此，班主任应该真诚耐心地对待学生，对学生的一些心理问题进行认真观察与分析，遇到任何一个学生都要切实做到不讨厌、不厌恶，真心关怀学生学习与生活的各方面，同时抓住一切教育契机，及时与各类学生展开沟通交流。班主任如果发现学生有学习与生活上的进步，要及时给予激励与赞扬；如果发现学生遇到学习与生活的困难，要真诚地提供帮助，如通过电话、家访等，与家长进行沟通交流，共同结合起来，帮助学生走出学习与生活的困境。这样才能真正步入学生的内心世界，增进彼此之间的情感距离，有效促进学生自觉信任教师，愿意遵守班级制定的一系列班规，逐步强化班级管理质量与效率的稳步提升与发展。此外，班主任也要鼓励学生彼此之间展开有效的互助交流。例如，如果学生彼此之间发生矛盾，教师可以指引学生换位思考，科学化解彼此之间的矛盾，成立一个真正团结的班集体，为学生营造良好的班级氛围，这样才有利于学生逐步走出心灵困境，促进学生身心健康发展。

2. 构建平等关系

初中班主任在开展班级管理工作时，应该认识到学生与教师其实是人格平等的，没有本质上的差别。因此，教师要发自内心地勇于接纳学生的不同意见等，也要赋予学生自由选择的权利，帮助学生与班主任拉近心灵距离，感到身份的平等，高效激发学生的自主管理意识，与班主任共同探讨班级管理的具体方案，如定期竞选班干部、开展班级活动、组建社团等。同时，初中班主任要明确自身的班级管理主导功效，与学生的实际学情结合起来，制定相对严格而又具体的各项规定，切实做到奖罚分明，帮平等对符所有的学生，不会因为学生的家庭背景、成绩好坏或者与个人的感情亲疏等进行差别对待，切实保障所有学生的平等地位，对他们进行统一的严格管理规定，这样才能够真正凸显人文关怀理念，尊重学生主体的平等性，有利于保障初中班级管理的效率和质量。

3. 开展班级活动

人文关怀理念下，初中班主任在开展班级管理工作时，应该定期组织学生参与一些多样化的实践活动，对课余文化生活进行逐步丰富与完善，强化学科教学效果，对学生的合作意识与能力进行逐步培育与强化，打破课堂教学的局限性，在实践活动过程中，对社会实际产生更深入的了解与认知。例如，班主任可以鼓励学生参与一些体育比赛、文艺比赛、演讲、辩论、编剧活动等，激发学生的思维灵敏性与广阔性，对自身的独创意识进行稳步训练与强化。另外，初中班主任还可以鼓励学生利用节假日时间，走进博物馆、军营、红色基地等，强化学生的社会实践活动，还可以鼓励学生进行一些小课题的探究，培育学生正确的三观，继承与弘扬我国优秀的民族文化。又如，初中班主任可以指导学生将自己参与初中实践活动的照片展示出来，张贴在教室后的黑板上，为学生营造人文环境氛围，指引学生切实认识到时间的宝贵，成长的不易，逐步强化学生的人文意识。如果条件允许的话，教师还可以将学生参与实践活动的动态视频保存下来进行记录与整理，利用微信朋友圈、微博等，将相关动态过程展示出来，为学生逐步输入人文关怀教育理念。

参考文献：

［1］周蕾，许凯."三全育人"背景下高职院校班主任育人工作的问题与对策分析［J］.科教导刊，2023（20）：70-72.

［2］赵艳芳.立德树人，争做新时代班主任［J］.河南教育（教师教

育），2023（6）：50–51.

［3］张小伟."双减"政策背景下初中班主任管理策略探究［J］.赤峰学院学报（自然科学版），2022，38（5）：116–118.

［4］林靖."五育并举"视域下高职院校大学生全面发展路径研究［J］.黑龙江教师发展学院学报，2023，42（9）：99–102.

［5］陈昕."五育并举"视域下的高职院校书院制模式探索［J］.黑龙江教师发展学院学报，2023，42（9）：103–106.

［6］朱亮.初中德育中"五育"并举落实策略探究［J］.亚太教育，2022（13）：71–73.

［7］何世璧.浅析人文关怀在培养青少年良好道德情操中的作用［J］.才智，2020（12）：109.

［8］马红玲.初中班主任的班级管理艺术［J］.华夏教师，2018（20）：85.

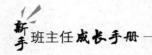

第四节　班主任工作原则

深圳高级中学（集团）北校区　祁菲

班主任是学生成长的引路人，是班级工作的组织者和教育者，在学校工作中有不可替代的作用。在学校发展正常运行过程中，班主任扮演着举足轻重的角色。班主任工作直接面向学生、家长和科任老师，因此工作中不但要严格遵守职业道德，还需要遵循一些原则和规律，这会让我们的工作开展得更加得心应手。

一、注重打造人格魅力——以身作则，正人正己

作为教育工作者和学生的引路人，"以身作则，正人正己"这一准则对班主任的道德使命至关重要。如今，社会风气的恶化和青少年道德观念的淡化使得教育任务更加复杂和艰巨，而班主任作为学生成长道路上的关键角色，应当更加坚定地以身作则，践行正人正己的道德使命。在这个充满挑战的时代，班主任既需要在学术上为学生提供指导，也需要在道德上为他们树立榜样。他们的行为和言谈不仅影响学生的道德认知，还对他们的道德行为产生深远的影响。班主任需要充分认识到自身的使命和责任，意识到他们对学生道德观念的形成有重要影响。只有班主任自己具备高尚的道德品质，才能够在教育过程中引导学生，让他们成为有道德、有责任感的公民。

班主任是学生成长过程中不可或缺的重要角色。他们的任务远不仅仅限于学业辅导，更包括对学生的情感关怀、性格养成、道德观念塑造等多方

面重视。班主任要关心学生的每一个方面，帮助他们全面成长，促进他们的自我认知和自我发展，包括学生的智力、情感、道德等各个方面，是一项十分复杂而有挑战性的工作。"以身作则"是班主任肩负的一项至关重要的任务，因为学生在成长过程中更多地受到模仿和感受的影响。班主任的行为、言谈、道德选择，都会在学生心中留下深刻的印象。班主任如果展现出高尚的道德品质、积极的人生态度和稳重的行为方式，就会成为学生的楷模，为他们树立道德标杆。通过以身作则的示范作用，班主任不仅可以传递正确的价值观和行为准则，还可以激发学生的道德自觉。学生在受到班主任的言传身教的启发后，可以更好地树立正确的行为习惯和价值观念。班主任的道德表现对学生的道德发展具有深远的影响，可以帮助他们在未来的生活中更好地应对各种道德挑战。

班主任的道德职责之一是积极培养学生的道德品质。通过言传身教和积极的引导，班主任应当助力学生塑造高尚的道德品质，如诚实、宽容、勇敢、正义、感恩等。这不仅有助于学生成为有道德良知的公民，也有助于他们建立人际关系、解决冲突、应对挑战。班主任可以通过日常生活和教育活动，引导学生参与公益事业、关心社会弱势群体，培养他们的责任感和关爱之心，从而使学生在日常行为中充分体现出道德素养。作为班主任应该密切关注学生的道德成长，并及时发现问题。这包括学生可能出现的欺凌、谎言、自私、消极等不道德行为。班主任不仅要警示学生的不良行为，还要积极引导他们明辨是非，认识到道德选择的重要性。在学生犯错误时，班主任的支持和指导对于他们的成长至关重要。通过与学生深入交流，班主任可以帮助他们认识到错误的严重性，鼓励他们主动承担责任，积极纠正错误，最终实现道德的成长和进步。此外，班主任的道德职责还包括帮助学生建立正确的道德观念。班主任可以通过讲解道德故事、开展道德主题班会、参与道德讨论等方式，引导学生理解道德的本质和价值。同时，班主任应鼓励学生参与道德决策，让他们在日常生活和学校事务中亲身体验道德选择的重要性。通过这种方式，班主任可以帮助学生建立坚定的道德信仰，让他们在未来的生活中能够正确地面对各种道德困境和考验。

作为班主任，建立明确的道德准则是关键之一。这些准则可以包括诚实、宽容、友善、正义、勇敢、感恩等价值观。班主任应当与学生明确这些准则，并将它们融入学校和班级的日常活动中。这有助于学生清晰地了解社会期望的行为标准，从而更容易将这些道德原则应用到实际生活中。通过建立明确的道德准则，班主任能够在学生中树立积极的道德导向，引领他们走上正确的道德道路。

班主任还应积极培养学生的道德意识，使他们能够在各种情境下敏锐地识别和理解道德问题。这可以通过讨论道德故事、案例研究、角色扮演等方式实现。班主任可以帮助学生思考道德决策的后果，激发他们的道德思考和判断能力，培养学生的道德意识，有助于他们更加主动地参与道德讨论，积极应对各种道德挑战，从而成为有道德情感的人。

班主任与学生之间建立良好的关系是实施道德策略的关键。良好的关系能够使学生更愿意倾听和接受班主任的道德教导。通过与学生建立信任和尊重的关系，班主任能够更好地了解学生的个性和需求，更好地满足他们的道德成长。班主任应当积极倾听学生的声音，理解他们的感受和疑虑，鼓励他们分享道德观点和经验。这种良好的师生关系有助于班主任更有效地引导学生走上正确的道德道路，以身作则，为学生树立榜样。通过建立明确的道德准则，培养道德意识和与学生建立良好的师生关系，班主任可以更好地履行自己的道德职责，引领学生正人正己，为他们的道德成长提供坚实的支持和指导。

虽然道德教育充满挑战，但是班主任只有不断提高自己的道德素养，才能更好地引导学生，让他们成为有道德、有责任感的公民。

二、建立新型师生关系——良师益友，平等沟通

在教育领域，师生关系一直都是至关重要的。教师不仅是知识的传授者，更是学生成长道路上的引路人和伙伴。本文将探讨"良师益友平等沟通"这一主题，着重于讨论如何在教育过程中建立师生之间的良好关系，实现平等沟通。良师益友不仅代表教师的高尚师德，也体现了教师和学生之间

紧密的情感联系，而平等沟通则是实现这一目标的关键，使师生之间的关系更加和谐、融洽。我们将探索不同层面的平等沟通，包括教育领域内师生之间的互动、学生参与教育决策的机会，以及教育中的社会公平性。通过深入讨论这些话题，我们将更好地理解教育中的师生关系，以期促进教育的共赢，造福教育领域的每一个参与者。

在教育领域，良师益友不仅代表了教育者的道德操守，还反映了他们对学生的责任感和影响力。师德在这一背景下变得至关重要，它不仅是一种道德准则，更是一种价值观和态度的表现。师德涵盖了教育者的品德、责任感、专业素养以及对学生的关爱。师生关系的发展是师德的实际体现。在学生的成长过程中，师生关系逐渐从单向的知识传授向互动、互相尊重、互相启发的关系转化。

良好的师生关系建立在信任、理解、尊重和情感支持的基础之上。这种关系的特点包括师生之间的开放性沟通、教育者的关注和学生的参与。培养良师益友的方法包括教育者的自身修养和专业发展。教育者应不断提高自己的道德水平，积极参与专业发展和持续学习，以提供更好的教育服务。此外，建立积极的师生关系需要耐心、尊重和情感投入。教育者应倾听学生的声音，关注他们的需求，鼓励他们发挥潜力，以实现更好的教育效果。综上所述，良师益友的建立需要教育者不断培养自身的师德，积极发展师生关系，以促进学生的全面成长。这种关系将有助于创造积极的学习环境，为学生提供更好的教育体验。

在教育领域中，平等沟通被视为建立和谐师生互动关系的关键要素。平等沟通的概念强调了教育者和学生在交流中的平等地位，他们不仅是信息的传递者和接收者，更是彼此尊重、理解和合作的伙伴。这种互动有助于创造积极的学习氛围，激发学生的兴趣和参与度。教育领域中的平等沟通要求教育者倾听学生的声音，尊重他们的观点和需求，与他们建立良好的关系。平等沟通不仅包括在课堂内，也包括在校园和社区中的交流。这种互动有助于打破教育中的阶层差异，促进更广泛的社会公平。激励学生参与教育决策是平等沟通的一个关键方面。学生应该被鼓励参与学校事务、教育政策和其他决策过程，以使他们的声音被听到并得到重视。这不仅培养了学生的公民意识，还增强了他们对教育的参与感和责任感。在实现社会公平方面，平等沟通扮演了关键角色。通过平等沟通，教育者可以更好地理解学生的需求，为弱势群体提供更多的支持，以消除教育中的不平等现象。这有助于实现更公平的教育制度，确保每个学生都有平等的机会获得高质量的教育。综上所述，平等沟通在建立和谐师生关系和实现社会公平方面发挥着重要作用。通过积极的平等沟通，教育者可以更好地满足学生的需求，激发他们的学习兴趣，促进他们的全面成长。这有助于创造更加包容和平等的教育环境，为所有学生提供公平的机会。

在实践中，教育者可以采用多种策略和方法来实现平等沟通。首先，建立一个开放的学习环境，鼓励学生分享自己的观点和意见。教育者应当充分倾听学生的声音，理解他们的需求，并根据他们的反馈进行调整。其次，教育者可以积极参与学生的生活，了解他们的兴趣和需求。这有助于建立更加和谐的关系，使学生更愿意与老师沟通。教育者还可以使用多种教学方法，如小组讨论、合作项目和互动式学习，以促进平等的互动。

在教育中，建立良师益友的关系和实现平等沟通可能会面临一些挑战。例如，教育者可能会遇到学生不愿意表达自己的问题或观点，或者可能会面临文化、社会或经济差异导致的不平等。为应对这些挑战，教育者可以积极推动学校和社区的反歧视政策，并开展培训以提高跨文化沟通能力。此外，建立支持机制，如心理咨询服务，帮助学生克服问题并促进平等互动。总的来说，平等沟通是建立和谐的师生关系和实现社会公平的关键元素。通过具体案例分析和实施策略与方法，教育者可以应对挑战，促进更平等和更包容的教育环境，为学生提供更好的教育和发展机会。

通过以身作则和培养良师益友的方式，教育者能够塑造积极的师生关系，鼓励学生积极参与教育。平等沟通为教育者和学生提供了一个开放的平台，使他们可以分享观点、意见和需求，建立互信。这种互动有助于满足学生的需求，培养他们的道德品质，使教育更具意义。在教育中，师生关系是至关重要的。良好的师生关系可以激励学生，提高他们的学术成就和道德品质。教育者应以身作则，成为学生的榜样，建立良好的师生关系。同时，平等沟通有助于建立互信和理解，创造一个积极的学习环境。未来，我们需要继续强调师生关系的重要性，鼓励教育者积极采用良师益友与平等沟通的方式。这不仅有助于提高教育质量，还能促进社会公平。

三、坚持民主治班与个性化关怀相结合——民主开放，因材施教

教育是培养未来一代的基石，而教育的质量往往决定着一个国家的未来。因此，如何改进和创新教育方式成为一个持续受到关注的话题。民主开放强调教育中的平等、尊重和自由，而因材施教则着眼于满足不同学生的需求和潜力。通过深入分析这两个原则，我们可以更好地理解如何在教育中实现更高的质量和公平性。

民主开放是一种教育理念，它强调教育环境应该是平等、开放和充满自由的。在这种教育体系下，教育者视学生为平等的伙伴，鼓励他们参与教育决策和自主学习。民主开放的目标是确保教育不仅是知识的传递，而且是培养学生的批判性思维、自我表达和社会参与能力。这种教育模式要求学生能够参与课堂讨论、提出问题、选择学习方式，并在一种尊重多样性的氛围中发展。

民主开放教育的作用是多方面的。首先，它培养了学生的参与意识和责任感，使他们更积极地参与学习和社区活动。其次，它增强了学生的批判性思维和问题解决能力，帮助他们更好地理解和应对复杂的现实问题。此外，民主开放也有助于塑造学生的价值观，培养他们成为尊重他人、支持多元文化和关心社会问题的公民。

实践民主开放教育需要一系列策略。首先，教育者应该创建一个鼓励学生表达意见的环境，允许他们参与教育决策和课堂讨论。其次，个性化学习应该得到支持，以满足不同学生的需求。教育者还可以使用反思和对话的方式促进学生的自我认知和社会互动。最后，民主开放教育还需要注重多元文化教育，以尊重和支持不同文化背景的学生。

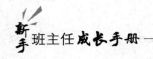

　　因材施教是一种个性化教育方法，它强调根据每位学生的独特需求和潜力来制订教育计划。这一方法的核心理念是，每名学生都是独特的，他们在学习的方式、速度和兴趣方面各不相同。因材施教的目标是确保每名学生都能实现其最大潜力，充分发展其能力，以达到个性化的学习目标。因材施教方法的应用有多方面的益处。首先，它可以提高学生的学术成绩，因为每名学生都可以按照自己的学习速度和水平进行学习。其次，个性化学习有助于提高学生的学习动机，因为他们会更主动地参与学习。最后，因材施教还可以帮助学生发展批判性思维、问题解决能力和自主学习技能，这些都是未来成功所需的关键技能。

　　实施因材施教需要一系列方法和策略。首先，教育者需要了解每名学生的学习需求和水平，以制订个性化的学习计划。其次，应该提供给学生不同的学习资源和材料，以满足他们的需求。个性化学习还可以通过灵活的学习方式，如小组合作、翻转课堂和在线学习来实施。此外，教育者应该提供及时反馈，以帮助学生了解他们的进展并进行调整。因材施教方法强调每位学生的独特性，有助于满足他们的需求和发展他们的潜力。这一方法不仅提高了学业成绩，还提高了学生的学习动机和关键技能。因此，因材施教在现代教育中具有重要的地位，有助于培养具备多样化技能和知识的学生。

　　民主开放和因材施教在教育中的融合可以实现一种更全面的学习体验。它们都强调了学生的主动参与和尊重个体需求。在民主开放的环境中，学生有更多的自主权和决策权，可以选择他们感兴趣的学科和学习方式。因材施教则关注了满足学生的个体需求，确保每位学生能够按照自己的速度和方式学习。这两种方法都强调了学生的主动参与，以及个性化的学习和自主性，因此它们可以相互融合，创造更有利于学生发展的教育环境。

　　在教育中，民主开放和因材施教的融合可以通过以下方式实现：

　　（1）以学生为中心的课程设计：教育者可以与学生合作，制订个性化的学习计划，以满足他们的兴趣和需求。这需要学生参与决策和自主学习，同时教育者提供指导和支持。

　　（2）灵活的学习环境：学校应提供灵活的学习环境，允许学生在不同时间和地点学习。这可以包括翻转课堂、在线学习和项目驱动的学习，以适应不同的学习风格和速度。

（3）教育者的角色转变：教育者应成为学生的指导者和合作伙伴，鼓励他们参与学习决策和解决问题。教育者需要提供支持和反馈，以确保学生的学习进展。

将民主开放和因材施教融合在教育中，有助于为未来的教育提供更广阔的前景。这种方法可以帮助学生发展更广泛的技能，包括批判性思维、问题解决和创造性思维，还有助于培养学生的自主学习和自我管理能力，使他们更适应未来不断变化的职场需求。未来的教育将更加强调学生的主动性和参与性。民主开放和因材施教的融合有助于创造这样的教育环境，为学生提供更多的机会和资源，以实现其最大的潜力。这不仅有助于学生的个人成长，还有助于社会的持续发展。

在教育领域，民主开放和因材施教代表两种重要的原则，它们在不同方面强调了学生的权利和需求。这两种原则的融合，可以创造一个更加全面、灵活和具有包容性的教育体验，有助于培养学生的道德品质、提高他们的学习成就，同时有助于教育者的成长和发展。未来，我们应该继续探索如何更好地将民主开放和因材施教的理念融入教育实践中，以满足学生的需求，培养具备批判性思维和适应性技能的未来公民。

四、打造家校社协同育人模式——三方共育，全面发展

在现代教育中，学生的全面发展是每个学校和教育者追求的目标。然而，这个目标需要更多的合作和协调，以便为学生提供更好的支持和指导。班主任在这一过程中扮演了关键的角色。

三方共育，是指家庭、学校和社会三方之间的协同合作，共同育人的理念。在这个教育理念中，学校、家庭和社会不再是孤立的教育力量，而是共同致力于学生的全面发展。这种协同合作的理念强调了教育的全程性，要求各方紧密合作，以便更好地满足学生的需求。三方共育之所以如此重要，是因为它认识到教育不仅是学校的事情，而且是一个更广泛的社会问题。学生

的成长需要学校的教育、家庭的关心和社会的支持。学校可以提供学科知识和技能，但家庭和社会也起着至关重要的作用，来共同塑造学生的性格和价值观。三方共育的理念有助于各方更好地协作，为学生提供更全面的支持和指导。班主任在三方共育中扮演着关键的角色。他们是学校与家庭之间的桥梁，能够建立紧密的联系，确保信息的流通和合作的顺畅。班主任可以了解学生的家庭背景和需求，制订个性化的教育计划，同时可以引导学生参与社会活动，培养他们的社会责任感和合作能力。因此，班主任在三方共育中的作用至关重要，他们需要具备卓越的沟通和协调能力，以确保学生得到全方位的支持和指导。

全面发展是指学生在各个方面都得到充分的培养和发展，包括智力、体育、艺术、道德、社交等各个领域。这意味着教育不仅关注学生的学术表现，还包括他们的身体健康、性格品质、创造力和社会参与。全面发展的理念强调培养学生成为有独立思考能力、有创造力、有社会责任感的公民，而不是应试机器。

要促进学生的全面发展，需要提供多元化的教育机会和资源。这包括多样性的学科、丰富的体育和艺术活动、道德教育、社会参与等。教育应该根据学生的兴趣和需求提供个性化的支持，激发他们的潜能。此外，培养学生的综合素质需要学校、家庭和社会的共同努力和合作，共同关心学生的全面发展。

在全面发展中，班主任发挥着关键的作用。他们是学生的导师和引路人，可以鼓励学生参与各种活动，引导他们发展兴趣和特长，提供道德教育，培养社会责任感，建立健康的生活方式。班主任也可以协调学校内外的资源，确保学生得到全面的支持。在培养学生全面发展的过程中班主任还需要从以下几个方面发挥自己班主任角色的重要作用。

首先，他们需要深入了解每位学生的需求和背景。这包括学生的兴趣、才能、家庭情况、学习困难等。只有通过全面的了解，班主任才能制订个性化的发展计划，满足每个学生的需求。例如，如果学生对体育特别感兴趣，班主任可以鼓励他参加校体育队，并提供额外的支持和资源，如果学生对文学更感兴趣，班主任可以推荐他参加文学社团或写作比赛。这种个性化的关怀和支持有助于每个学生充分发展自己的潜力。

其次，班主任需要积极与家庭和学校合作。家庭是学生成长的第一课堂，班主任应该与家长保持密切的联系，了解学生在家庭中的情况，协调家校之间的合作，以便更好地支持学生的全面发展。同时，班主任还需要与学校的其他教育工作者、辅导员和校领导紧密合作，共同制定全面发展的教育计划和政策，确保学生得到充分的支持和资源。

最后，班主任应该制订个性化的发展计划。这些计划应根据学生的需求和目标来制订，包括学术、体育、艺术、道德和社会发展。这些计划应该是具体的、可衡量的，以便学生和教育者可以清晰地了解学生的成长和进步。例如，一个学生的发展计划可能包括提高成绩、积极参与学校社团和学习如何解决冲突的道德教育。这些建设性的目标有助于引导学生在全面发展的过程中取得成功。

总之，班主任在学生的全面发展中扮演着重要的角色，我们需要了解学生的需求和背景，与家庭和学校合作，制订个性化的发展计划，以确保每个学生都有机会实现他们的潜力。他们的定位方向应该是全方位的，以满足不同学生的需求，帮助他们成为有品格、有能力和有社会责任感的公民。

班主任不仅是学生的班级管理者，更是学生成长道路上的引导者和支持者。我们需要深入了解学生的需求，积极与家庭和学校合作，制订个性化的发展计划，以确保每个学生都有机会实现他们的潜力。未来，我们期望班主任在学生全面发展中发挥更大的作用。他们可以继续深化三方共育的理念，促进学校、家庭和社会的合作，为学生提供更多的支持和资源，还可以推动个性化学习的发展，满足不同学生的需求，帮助他们充分发展自己的潜力。最重要的是，班主任可以成为学生成长道路上的榜样，以身作则，正人正己，激励学生追求卓越，成为有品格、有能力和有社会责任感的公民。在全面发展的道路上，班主任的作用至关重要。我们是学生成长的伙伴和引导者，我们的工作将对学生的未来产生深远的影响。

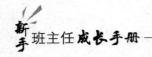

五、做一名有爱有智有法的班主任——热情热爱，创新开拓

在教育领域中，班主任是一个至关重要的角色。我们承担着学生的成长和发展，是学生成长道路上的引导者和支持者，班主任工作的开展会直接影响到整体教育工作的质量。在这个知识爆炸和信息多元的时代，班主任的责任远不止于传授知识，还包括引导学生树立正确的人生观、价值观，培养学生的创新精神和热情。热情和热爱是激励学生成长的动力，创新和开拓则是引导他们不断进步的方向。

热情和热爱是班主任在教育中的两项重要品质，它们贯穿于整个教育过程，对学生的成长有着深远的影响。热情，即对工作和使命的激情，使班主任在教育中充满动力和活力。热爱则是对学生的关怀和真诚，是建立亲近师生关系的关键。这两者共同促成了一种积极的学习环境，激励学生更加积极地投入学习和发展中。热情和热爱也激发学生的学习热情，鼓励他们勇敢尝试新事物，探索知识的广阔领域。

班主任可以通过各种方式传递热情和热爱。首先，我们应该热爱自己的教育事业，对学生和教育充满激情。这种内在的激情会不自觉地感染学生，激励他们参与学习并追求卓越。其次，班主任应该积极表现对学生的关怀和真诚。了解学生的需求、困难和目标，并主动提供支持和指导。通过亲近而真实的互动，班主任可以建立友好的师生关系，使学生感受到自己在班主任心中的重要性。此外，班主任可以通过鼓励学生参与课堂和校园活动，积极参与课外项目，以及鼓励他们发现自己的兴趣和热爱。这有助于培养学生的自我动力，使他们更热情地追求知识和发展自己的技能。最后，班主任还可以分享自己的教育故事和经验，传达成功的经验和失败的教训。这种分享有助于激励学生积极学习和成长，以更积极、自信的态度面对挑战和困难。总之，班主任的热情和热爱是教育中不可或缺的元素，它们可以激发学生的学习热情，推动他们的全面发展。通过传递热情和热爱，班主任可以帮助学生建立积极的人生观和价值观，为他们的未来成功铺平道路。

创新开拓是一种积极的思维和行为方式，旨在发现新的方法、解决问题、创造新的价值。在教育领域，创新开拓扮演着至关重要的角色，因为它鼓励学生主动思考、解决问题，培养他们的独立性和创造力。创新开拓还有助于解决日益复杂的社会问题，推动社会进步。培养创新开拓的思维方式有助于学生更好地理解和应对不断变化的世界，为未来的挑战做好准备。

班主任可以通过多种方式鼓励学生发展创新思维。首先，我们可以提供一个鼓励学生提出问题和寻找解决方案的课堂环境。班主任应该鼓励学生提出问题，激发他们的好奇心，让他们主动参与讨论和思考。其次，班主任可以提供机会，让学生参与创新项目和实验。这种实际的经验有助于学生将理论知识应用到实践中，培养解决问题的能力。此外，班主任还可以鼓励学生参加创新竞赛和项目，提供指导和支持。这种竞争环境可以激发学生的竞争激情，帮助他们不断完善自己的创新项目。最后，班主任可以分享有关创新开拓的成功案例和故事，激励学生勇敢尝试新思维方式，积极参与创新活动。总之，班主任的角色在鼓励学生发展创新思维中至关重要。通过创造积极的教育环境、提供机会、指导和分享成功案例，班主任可以培养学生的创新开拓能力，帮助他们应对未来的挑战。

为了更好地履行班主任的角色，提高专业素养，班主任需要不断进行职业发展和学习。教育领域一直在不断发展和演变，我们需要跟上时代的步伐，不断提升自己的教育水平和专业知识。这包括参加教育研讨会、课程培训，以及与同事交流经验和最佳实践。通过这些途径，我们可以了解最新的教育趋势、教学方法和教育政策，从而更好地指导学生。此外，持续的职业发展也包括反思和自我提升。班主任可以定期回顾自己的工作，分析自己的强项和需要改进的地方。这有助于我们更好地发挥自己的优势，同时积极改进我们的不足之处。

作为班主任，我们肩负着重要的使命，需要引导和教育学生，培养他们成为未来的领袖和社会的有益成员。为了更好地履行这一使命，我们需要具备丰富的知识、深厚的道德和职业素养，以及积极的教育态度。我们的工作不仅关乎学生的未来，也反映了整个社会的教育水平和素质。因此，提高班主任的专业素养是至关重要的。我们需要不断学习、不断进步，以应对教育领域的挑战和机遇。通过持续的职业发展，我们可以更好地满足学生的需求，引领他们走向更广阔的未来。班主任的工作不仅关乎学生的个人成长，也关乎社会的发展和进步。在这个过程中，我们将不断激发学生的潜力，鼓励他们实现自己的梦想和目标，这正是班主任工作的最大使命和价值所在。希望班主任可以继续发挥重要的作用，培养更多有道德、有知识、有能力的未来新一代。

第二章

班级建设：匠心打造优秀班集体

2

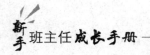
第一节　班级文化建设

班级愿景建设研究

深圳高级中学（集团）北校区　艾聪

一、班级愿景的概念阐述

"愿"即"心愿"，"景"是"景象"，愿景即一种心愿和对未来景象的设想，愿景从概念的角度可分为个人愿景和共同愿景。个人愿景是个性的梦想，它推动个人不断前行；共同愿景是群体组织的共同追求，它能促进群体组织朝着一个奋斗目标前进。

班级愿景属于共同愿景的一种，简单来说，它可以理解成班级成员对班级的共同期望与奋斗目标。班级愿景的特点是"共同"——集体认同性。

从宏观的角度看，班级愿景是整个班级的奋斗目标，如"我们要建立一个全面发展的书香班级"。从局部来看，班级愿景可以细分为不同类型，如"学习环境共同愿景""身心发展共同愿景""文明就寝共同愿景""班级文明共同愿景""安全成长共同愿景"。

二、愿景建立的理论依据

建立班级愿景是班级成立初期的要事，班级愿景一旦产生并为成员所自愿认同，便可成为推动班级发展的巨大力量。

著名教育家马卡连柯曾有经典的论述，"集体是具有一定个人目的的个人集合体，参加这一集体的每一个人是被组织起来的，同时也拥有集体的机构""集体是活生生的社会有机体，它之所以是一个有机体，就是因为那里有机构、有职能、有责任、有部分之间的相互联系和相互依赖，如果这样的因素一点也没有的话，也就没有集体了，所有的只是随随便便的一群人罢了"。可以看到，集体的联系与依赖是集体真正形成的重要条件，而共同愿景便是使松散个人集合体变成有战斗力集体的强有力的联系。

早在20世纪90年代，以彼得·圣吉为代表的学习型组织管理理论风行世界，他认为："在当今这个竞争激烈的知识经济社会中，一个组织想要生存和发展，就必须具备不断创新、不断发展的能力。这个组织内的成员都应该能够不断突破自己能力的上限，创造真心向往的结果，培养全新、前瞻和开阔的思考方式，全力实现共同的抱负，并不断研究如何一起共同学习。"班级共同愿景是班级团队实现可持续高质量发展的重要因素。班级愿景也常常会对学生产生无形的教育影响，不断在潜移默化中塑造学生的人格。

三、愿景建设的步骤梳理

班级愿景的建设并非一蹴而就，而是通过以下四步，呈螺旋状生长趋势。

（一）通过交流，生成个人愿景

班级共同愿景的有效建设的前提是：班主任了解学生的内在自我评价。投射效应表明，学生往往会把自己的思想投射到外部环境上。因此，了解学生"我想成为怎样的人"，再去引导"你期望看到怎样的班集体"，将会更容易获得学生的认同。

然而学生初到班级，面对陌生的环境和同学往往不愿意敞开心扉，建议班主任设置平等开放的交流环境，以调查问卷，小组合作交流的形式，帮助学生打开自我，认识自我，吐露真实的自我期望。

（二）把握方向，确定班级愿景

在收集、分析、了解学生的个人愿景后，班主任可以通过班会课，让学生交流讨论制订班级的共同愿景。研究表明，在班主任的强制意愿下制订

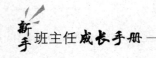

共同愿景往往收效甚微。所以，在学生讨论交流的过程中，要淡化管理与控制，突出激发与引导，要让班级愿景在学生的互动中自然地生成，并将班级愿景与个人愿景衔接起来。我们可以用这样的句式去激发："你想创造怎样的班级？在未来的班级中你将看见怎样的自己？"在实现班级愿景中推动个人成长。

（三）划分小组，提高目标执行力

生成班级愿景之后，可以对班级进行小组划分，在小组内部实现目标支持系统，创建让学生实践愿景的学习环境。班主任要持续创造在小组内部执行愿景时互相鼓励、依靠支持与个人问责的机制，并建立小组外部的竞争机制。内外环境相辅相成，共同督促、支持班级成员不断实践，在实践中强化愿景认同感。

（四）定期复盘，阶段更新愿景

随着学生不断成长，其对自我的认知、对班级的期望往往会发生改变，这就需要班主任定期复盘，重新调查梳理个人愿景，了解班级情况，更新发掘新愿景。

AI时代已来临，社会需要的不仅是有多学科知识的人，还需要学会合作交往、能够自主思考、具备探索观察力的未来人，因此，班级愿景也是一位班主任对教育要培养怎样的人最真挚的思考。

班级硬文化建设

深圳高级中学（集团）北校区　艾聪

班级硬文化建设具体来说指的是班级环境文化建设，班级环境文化对学生的影响是多方面的。从个人层面来讲，好的班级环境文化会在潜移默化中陶冶学生的情操、塑造学生的三观、影响学生的行为习惯。从宏观层面来说，好的班级环境文化对班级的凝聚力必然产生一定的积极影响。

班级硬文化的建设需要围绕班级成长目标展开，具体来说可以从以下三个方面着手。

一、铺好底色，精心布置班级墙面

教室的墙面是班级硬文化建设的重要组成部分，相当于一幅画的底色。班级墙面可以根据学生的年龄特点装饰为不同的风格。例如：低龄段（1至3年级）的学生年龄尚小，教室的墙面主打活泼；高龄段（4至6年级）的学生年龄稍长，教室的墙面可降低多彩与活泼的元素，设计得相对简单；而对于初中生、高中生来说，他们思维的创建性和批判性愈加明显，形式化思维发展得越来越好，班级墙面的设计主打简约大方。无论是哪一种班级墙面的布置，都要充分体现班级特色，因此班名、班训、班歌、班徽可视化是必不可少的，可以让学生以书法作品、绘画作品的形式在班级墙面上凸显以上四者。

二、精耕细节，细心布置班级角落

如果说班级教室墙面的设计犹如一幅画的底色，那么教室里不同功能角落的布置就如同这幅画里的亮点，成为凸显班级特色的风景线。具体来说，班主任可关注这几个角落的布置：

一是图书角的布置。班级书柜图书角邀请学生取名，并且购置安全典雅的书架，书架里面的图书根据学生的年龄特点选择，并且要安排专人整理清洁。二是班级书柜的布置。班级的书柜上面可以放置学生的作品与班级合影。学生的作品可以是手工艺术品、书法作品等，合影可以是军训合影、学生集体活动合影等。三是班级后墙的布置。班级后墙可以分为三个部分，即黑板报及其两边的展板，两边的展板可以与教室其他部分的墙面相互辉映。如果说教室整体墙面都凸显了积极向上的班级风貌，这是班级硬文化建设的高度，那么两边的展板可多增加"家"的元素——摆放学生与家人的合影、

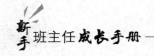
张贴学生之间互写的鼓励（如"班级夸夸树洞"等），彰显班级硬文化建设的温度。另外，在班级合适的角落里一定要有绿色植物的点缀，体现人与自然和谐共处的理念。

黑板报作为班级硬文化建设中显眼的部分，能成为班级文化建设的加分项。黑板报的主题建议贴合当下热点，以弘扬社会主义核心价值观为方向，以体现班级风貌为核心，以学生创作为路径。因此根据不同的当下热点与学校的恰当安排，班主任需要定期更换黑板报。在具体实践中，有些班主任把出黑板报的任务直接交给学生而完全置之不理，这样的做法失之偏颇，班主任必须起到组织与领导的作用，不仅要商定板报主题，在人员分工与绘画、写字的具体要求上也应做到心中有数，安排好专人专事，这样才能提高效率，不会造成偏离主题的后果。

三、打造特色，用心布置外墙展板

除了班级内在的布置，班级外墙展板的布置同样必不可少，班级外墙是班级的门面，能第一时间展现班级风貌。班级外墙可以主打学生的学业成果，让其成为激励学生进步的舞台，也可以以展板的形式呈现班主任带班育人的理念，展板上可放置班主任与学生的照片与座右铭，以图案的形式将两者联系在一起，充分彰显班级的凝聚力。此外，班级外墙同样可以成为家校沟通的桥梁，在外墙上放置学生与家人生活成长的瞬间，张贴家人对学生的寄语。根据具体的班级情况，班主任可以做出合适的选择。

班级硬文化建设是有形的，但对班级学生的影响是无形的，以上三点看似简单，做起来却需要班主任的匠心与智慧。

把握班级制度文化的育人内涵

深圳高级中学（集团）北校区　艾聪

制度是在一定的历史条件下形成的法令、礼俗和规范。学生在进入学校前就受到家庭制度的约束，但这些约束往往带有亲情的意味而显得随性。为了保证集体生活有序地开展，班级制度必须运行，较于家庭制度的松散自由，班级制度更为正式。

一、矢志育人——班级制度的价值取向

班级制度从建立产生到运行发展是连续性螺旋式上升的过程。其主要表现为三个阶段：一是学生在一定程度上要强制接受班级制度的阶段；二是学生从内心自发自觉遵守班级制度的阶段；三是学生内化制度为自觉行为的阶段。第一阶段发生在集体成立初期，班级制度产生后要求人人参与，其目的更多是将一个无序的班级转化为有序的班级，让集体生活走向正轨。第二个阶段发生在集体走向成熟阶段，此时的班级制度上升至道德范畴，制度不仅为了让无序的生活走向有序，更是通过规范学生的行为，学生的人格不断得到塑造，教师和学生的共同努力，让规则不断深入人心。第三个阶段发生在优秀集体的诞生阶段，此阶段班级制度已被学生内化于心，外化于行，从被迫接受转为自觉遵守，良好的班风已然形成，班级呈现团结向上的精神风貌。

班级制度的三个发展阶段告诉我们，班级制度为育人而存在，因此无论是班级制度的诞生还是运行，班主任应当始终以学生为主体，以促进学生的发展为目的，这样才能真正把握班级制度"矢志育人"的价值取向。

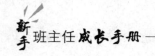

二、应"育"而生——班级制度的设置分类

普遍的班级制度更关注学生的行为规范，但完善的班级制度包括：班级积分制度、班干部选举制度以及班级例会制度三大类。在制订三类制度时，班主任不仅要考虑满足集体的需要（即社会、学校对学生的要求），还要满足个人发展的需要，制度是为"育人"而生。

（一）班级积分制度

以积分的累计作为衡量学生行为规范的依据，按照管理事务类别又可分为生活事务类（包括卫生制度、作息规定、安全管理制度等）和班务事务类（包括自习纪律管理、作业要求规范、课堂纪律管理、考试纪律管理等）两大类。

值得注意的是，班级积分制度的核心在于内容和形式的确定。在内容的制定上，班主任除了关注学校操行评价条例列出的要求外还应关注学生发展的需要。因此在设置具体的条例前，班主任可对学生和家长进行问卷调查，以便更深入了解学生的发展需求。例如，我们可以列出这样的款项："临放学前，服从体育委员的指挥，认真做仰卧起坐和俯卧撑以磨炼意志，增强体质。""每天早晨要用几分钟时间规划一下当天的任务安排，确定一天的成长目标。"这样的条目就更多着眼于学生的自我成长。在形式的确定上，很多班主任以扣分的形式约束学生，不如换个思路设置更多的加分渠道，让加分鼓励成长，尤其能够鼓励班级后进学生前进的信心。例如，"主动打扫教室，关闭门窗和电闸，连续一周按时到校上课，连续一周按时交作业不违纪可加分"，让平凡的加分事项成为帮助学生发展的催化剂。

（二）班干部选举制度

它主要包含班干部选拔、内部分工、学期评议、任期流动四个内容。首先是班干部选拔。班干部是班级的骨干，在协助老师管理班级、反映班级各方面情况、模范带头等方面起着重要作用。选拔实行民主选拔，既要集中全体学生的智慧，也要考虑各科教师的建议。其次是内部分工。班级实行在班主任指导下的班长负责制，详细规定不同岗位的班干部工作职责，确保各部门既分工明确又密切配合。再次是学期评议。评议的内容一般分为品德、学业成绩、工作态度、工作业绩四个方面。最后是任期流动。班干部之间竞岗轮换，往往核心班干部的任期要长于其他班干部。值得注意的是，班干部的选拔、分工、评议、任期流动其本质不仅是为了班级更好地运转，更重要的是学生通过在岗位的锻炼、竞争、轮换，不断增强班级主人翁意识，发展自身的能力与品德。

（三）班级例会制度

班级例会制度包含全班学生定期或不定期的会议，以及班干部定期会议。第一，班级学生定期会议可以以特色活动的形式，如主题班会课等，以感染学生的心灵、塑造学生正确的三观为目的。第二，班级学生不定期会议，如面临突发事件可以通过集体解决。第三，班干部定期会议，其存在是为了班主任全面掌握班情，对班级制度及时做出调整。

以上三类班级制度建设以班级积分制度为核心，班干部选举制度和班级例会制度都能纳入积分体系，以量化的形式共同推进班级的良性发展与学生的健康成长。

三、应"育"而行——班级制度的推进原则

班级制度的运行有一定的强制性，究其本质应为育人，班主任在推进班级制度时，应当应"育"而行，符合以下三个原则。

（一）能够"奖罚分明"，做到"持之以恒"

前文论述的班级的三种制度，都可以积分的形式来量化学生的操行。积分结算安排专人负责，并进行周结、月结、学期结、学年结等，定期对家长公示。积分结果一定要对应奖罚，这样才能真正引起学生的重视。同时，在积分运行的过程中一定要保证其稳定性与恒久性，不可朝令夕改，只有连续性、稳定性的制度实践才能保证育人工作的稳步前进。

（二）把握"矛盾良机"，做到"刚柔并济"

"刚"意味着一定的强制性，班级制度的义务和权力适用对象是所有人，一般来说，需要人人执行。同时，教师也要把握"矛盾良机"，注重

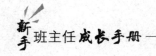

"柔"性引导，"柔"是伦理性的关怀。通过谈话沟通、角色互换体验，抑或是集体讨论、辩论等方式，让学生认识到制度背后的人文关怀，不断激发学生对真善美的追求，真正做到制度育人。因此，教师不应当是问题发生时的救火员，而应当以问题的路径引导学生人格的健全发展。

（三）做到"下放权力"，实现"自主管理"

班级制度的运行如果仅仅满足于教师下达命令，学生听从，那就难以真正释放制度活力，运行至后期可能难以为继，因此班主任需要"下放权力"，让学生"自我管理"。这意味着班主任必须培养一支优秀的班干部团队，让他们成为制度执行的先锋，带动全班同学参与其中。

班级里每一个学生的起点相似，每一位同学都是可塑的，班主任在班级制度的诞生、运行这两个重要环节，只要始终把握制度育人的精神内涵，孕育以人为本的制度文化，才能使制度的育人功能得以实现，才能使班级管理迈上新的台阶，真正促进每一位学生的全面发展。

中小学班级行为文化建设策略研究

深圳高级中学（集团）北校区　艾聪

一、中小学班级行为文化建设的意义

行为是指个体本能地对活动做出有意识的反应，自觉地为了某种需要而进行的有目的的活动。而班级行为文化是班级成员在班级各项活动中所体现出来的班级精神文化、制度文化的外在行为表现，是班级文化的极重要的组成部分，具有隐藏性、导向性和多样性的特点。好的班级行为文化能加速推进良好班风的形成，并让班级文化的正向有序发展。

中小学阶段是人的世界观、人生观与价值观确立的关键时期，在这个阶段用班级行为文化不断正向引导初中生人格的健全发展无疑是很重要的。

二、中小学班级行为文化建设的类别

从狭义上来说，中小学生需要养成的行为习惯主要包括纪律习惯、学习习惯、卫生习惯、运动习惯和文明礼仪习惯等。

纪律习惯包括课上、课间和课外活动纪律三类：课上按时到校、不迟到早退，不讲与学习无关的话、不做与学习无关的事；课间不大声喧哗也不追逐打闹，不玩危险游戏也不冲撞同学等；参加课外活动时，不喧哗、有秩序、能整齐。

学习习惯包括课前、课中和课后习惯三类：课前仔细预习；课中主动回答问题、全神贯注听讲、积极认真思考；课后认真温习，作业独立完成，虚心请教，根据自身情况有针对性地进行查漏补缺、拓展提高。

卫生习惯包括班级卫生和校园卫生两类：在班级，学生认真履行值日职责、做好班级卫生，保持个人位置清洁、做好个人卫生；在校园，学生不乱扔乱丢垃圾，保持校园卫生。

运动习惯包括在校运动和校外运动两类：校内做好课间操，排队整齐、动作规范，不随意讲话、不插队；校外坚持每周规律性锻炼。

文明礼仪习惯包括尊敬师长、礼貌用语，友爱同学、和谐交往，爱护公物、文明使用等。

三、中小学班级行为文化建设的路径

中小学生班级行为文化建设的路径主要有以下几方面。

（一）教师引领　躬身示范

这里的教师引领指的是发挥班主任的示范效应。班主任是班级的领导核心，是同学们心中最崇高、最权威的形象代表，班主任自己躬身示范、带头实践班级行为文化，定能达到"其身正，不令而行"的效果。因此在纪律、学习、卫生、运动和文明礼仪方面，班主任都要与学生心声共通、共同进步。

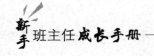

（二）规则成文　制度量化

上文中提到中小学生应该养成五大行为习惯，可以写成班级公约，以积分量化的形式约束学生。班主任是班级公约细则的主要制定人，也可以邀请学生共同参与拟写，让公约成为班级共同的心声。在积分量化上，扣分与加分并行、奖励与惩罚同步，用持之以恒、细水长流的积分量化推动班级同学行为习惯的不断养成。

（三）团队合作　小组同行

制度量化的实行对象建议是小组而非个人，小组同行不仅能够培养学生的团队荣誉感，更能促进成员之间互相监督、互相牵制。因此班主任要推动一人扣分、小组扣分，一人加分、小组加分，周周评选优秀团队，月月评选获奖小组的合作模式形成，在合作中不断提升班级凝聚力、不断促进个人成长。

（四）活动班会　以德润心

抓住重大节日、特殊日子，合理组织特色活动，在活动中促进学生的思考、在活动里培养学生德行。活动形式可以是辩论赛、情景剧会演、视频制作、当场作文、课外实践等多种。同时，建议班主任整体设计班会课的内容，将每期班会课分为不同的主题，如第一周是卫生习惯、第二周是学习习惯等，以系列性、持续性的班会课帮助学生在潜移默化中树立正确的行为文化价值观。

冰冻三尺非一日之寒，水滴石穿非一日之功。学生良好行为习惯的养成绝不是一月、一日、一时之事，它需要教师长时间、有耐心、有智慧地引导。希望我们都能有愚公移山的毅力与精卫填海的耐力，当好学生行为习惯的引路人，做新时代有为的大先生。

构建新型师生关系

深圳高级中学（集团）北校区　艾聪

"师道尊严"可以说是对我国古代师生关系的完美阐释，究其原因，一是统治团体竭力提倡尊师，认为"国将兴，必贵师而重傅"；二是在家庭伦理关系上，出现了"一日为师，终身为父"的思想，教导孩子如同尊敬长辈般尊敬老师。

随着时代的发展，社会出现追求"民主""自由"的价值观念，渴求拔尖创新型人才的出现，以"尊师爱生，民主平等，心理相容，教学相长"为特征的新型师生关系应运而生。笔者将从下面四个关键词论述新型师生关系的建立原则与意义。

一、关键词"了解"

"了解"是构建新型师生关系的前提。犹记得笔者见证的一个真实的课堂案例：学生在课堂上违反纪律，老师正常地批评了不当行为，没想到却遭到孩子激烈反驳，师生关系一度陷入僵化，后来仔细了解情况后，才知道这个孩子来上学前经历了家庭矛盾，此时难以接受任何人的批评。老师课后安慰了孩子，师生关系才得以好转。这充分说明了只有全面了解学生的家庭情况、教育背景、性格特征、行为习惯、道德纪律、兴趣爱好，我们才能正确开展一切的教育行为，让细小的行动为良好的师生关系加分。正如魏书生所说："一位教师，每天看到的不仅仅是一张张学生的脸，而应当是学生的心灵。"在实际教学中，我们可以以电话家访、调查问卷、课间谈话等多种方式了解学生。但了解不仅仅是一段时间的调研，它应当贯穿整个教育过程、

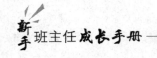

全面动态地掌握学生不同阶段的身心发展情况。

二、关键词"尊重"

"尊重"是构建新型师生关系的要素。一是尊重孩子的心声：认真地倾听孩子的每一次发言，不去打断他们，理解他们真实的想法，换位思考，体验在不同情境下孩子们的喜怒哀乐，以我们的感受代替居高临下的评价、以我们的建议代替冰冷的指导、以我们的欣赏代替彰显尊严的评价；二是尊重孩子们自我价值实现的需要：每个学生都是独一无二的发光体，他们有不同的兴趣特长与爱好，我们不应去非议、干涉、阻止学生追求自我价值的需要；三是尊重每个孩子非课堂的活动空间：正如教师拥有自己的下课与下班时间，学生也拥有自己的私人活动时间，对此，我们应当给予充分的尊重而不应过分窥视。

三、关键词"关爱"

"关爱"是构建新型师生关系的核心。古语有云："亲其师，信其道。"无数实践经验表明，深受学生欢迎的老师一定让孩子充分感受到了关爱。如何让学生感受到来自老师的爱呢？一是要充分给予与孩子们生活上的关心。从细节着手，让孩子能在老师的身上感受到如同来自父母的安全感，他自然愿意与你亲近。有一次孩子们完成了体育测试，我自掏腰包给每个孩子点了解暑的绿豆汤，汗流浃背的他们拿着清甜的绿豆汤，眼睛都开心地眯成一条缝，此刻师生间的距离也大大拉近了。二是要公平公正地对待每一个孩子。无论他的学习如何、无论他的品性如何，为人师者只有以公正之心处理学生的每一件事，学生才能对你心服口服，慢慢信任你、亲近你。

四、关键词"激发"

"激发"是构建新型师生关系的目标。构建良好的师生关系，最终目标是为了更好地教育学生，激发学生对真善美高尚人格的追求，激发学生对知识的无限渴望，激发学生树立实现高远的志向、报效祖国的决心。因此，当我们在与学生交往时应当考虑的是每一句话、每一个眼神、每一个表情、每一个行为是否能够激发学生最大的善意。实践证明，真诚的赞美与鼓励是激发学生有效的手段。在与学生日常的相处中，我们不妨用一双发现美的眼睛去时时捕捉孩子们的德行美、操行美，不吝惜自己真诚的赞美，让赞美如同春风吹进他们的心里；在发现学生的失意与沮丧时，我们不妨减少苛责与批评，用饱含期待的鼓励去滋养学生的内心深处，对他们说一句："老师相信你，你能行。"使孩子内心的自信之火再次燃起。

师生关系的建立是一个长期的过程，需要我们用耐心去培育、用智慧去浇灌，只要我们孜孜求索、不懈努力，一定能见到最美的教育之花。

习惯教育——学习和生活

深圳高级中学（集团）北校区　吴丹

有的放矢，凝聚共识，变中寻机，行则将至——培养学生的契约精神。

一、发现问题

案例源于开学之初，小黄总是有各种理由不交作业。

在和小黄妈妈沟通的时候发现，孩子的妈妈一直很重视孩子的学习，但小黄有时候不配合检查作业，还经常借口用手机查资料而"机不离手"，沉浸其中，影响写作业的时间，导致第二天缺交作业。周而复始，恶性循环，这让小黄妈妈很是头疼。

这显然不是偶发事件，简单地通过尊重学生、耐心询问原因、讲清楚道理不能有立竿见影的效果。这种经常性的行为已经成了学生的不良习惯，简单的提醒和说教效果甚微，可以通过行为契约的方式，借助家长的力量，有

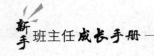

针对性地矫正学生的行为习惯，可能会有效果。

二、分析问题

用心良苦的小黄妈妈在开学之初也和小黄约法三章。但条例繁多，奖惩不当，执行有难度。最后不了了之。

与学生约法三章，是我们班主任经常会在育人过程中使用的利器。这让我想到我之前带的上届学生，我也曾和学生签订过契约——"做手机的主人契约书"和"背诵作业军令状"，虽然方向是对的，如果你问我效果如何，效果当然有，但并不尽如人意，因为它并没有让每个层次的学生得到充分的提高。

关于契约，不能流于形式，怎样让它发挥最大价值，真正能让学生转变，签订契约时的针对性、民主性和落实性就至关重要了。

查询了相关论文、书籍，并结合自己的教学经验，对如何制订家庭学习契约，我给小黄妈妈提了几点建议。

三、解决问题（呈现成果内容）

制订契约需要分析以下几点。

（一）行为表现

这个案例表现为缺交作业。

（二）原因分析

契约是个性化的。初中科目较多，小黄同学一时难以适应，加之手机的影响，在一定时间内完成作业有难度。

学困生正是由于这些习惯问题，难以执行。

（三）商讨契约

1. 目标明确直击要害——有的放矢

短期内想要解决什么问题，不要面面俱到。规则复杂不利于执行，难度太高或太低也不利于执行。

短期目标：按时交作业，作业过程中不用手机。契约可以在执行过程中再调整、修订。

2. 家庭成员共同制订——凝聚共识

充分沟通、达成共识，根据要达成的目标或习惯来制定相关规则。

以生为本，应充分站在学生的角度思考问题，全面掌握学生的性格特点，为学生的未来发展指明正确的方向，挖掘学生更多的潜能，"N+1"指的是设定的目标可略高于学生的当前水平，必须付出努力才能达到，增强他们对契约式学生管理制度的认同感，为其后续发展奠定坚实的基础。

3. 有效奖惩落实跟踪——变中寻机

奖励和惩罚是一种强化刺激，也是契约中非常重要的部分。奖惩需要符合学生内心的需要，对于问题行为较大的同学，平时接受惩罚也成家常便饭了，奖励的刺激比惩罚的刺激要大，教师要了解到学生的正向渴望。

只要合理安排时间，游戏、娱乐也能够放松身心。

每天可以玩儿多长时间，什么条件下可以玩儿，把规矩立好。

4. 及时表扬以理服人——行则将至

在契约执行期内，承诺人出现目标行为时要及时鼓励和认可，没有完成目标时要态度和善，以理服人，按照约定接受惩罚，同时可以培养学生自我反思和对行为能力负责的能力。

（四）执行契约

应充分重视信息的有效沟通，这样才能够及时了解学生的心理变化，让学生感受到被尊重、被关心、被重视。只要认真地严格执行，不妥协，孩子们自然会去正视规则。养成契约精神，在以后的人生里也会受益无穷。

四、反思

班级规则制定和家庭规则制定在商讨契约、执行契约几个原则上是一致的。

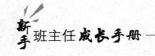

（一）目标明确直击要害

班级规则制定原则：确立板块，有针对性。保留特色，有所倾斜。尊重规律、尊重现实，不断丰富，不断升级。

（二）班级成员共同制订

班主任根据校规拟订草案，开学一个月后召开班级会议开展民意调查——"写三条你能遵守的班级班规+班级特色"，班委会整理并得出草案，并通过讨论、修改、添加或删减，梳理条例，划分板块，达成一致，举手表决，郑重通过，体现民主性，为后续执行酝酿造势。

（三）有效奖惩落实跟踪

问卷形式使学生能接受并能激励自己，班主任可提供一些正向影响的惩罚，奖励也要与时俱进。

（四）及时表扬以理服人

公平公正，宽严有度，落实跟进，班委先轮值一轮，再班级轮值。家校、科任协同育人。

五、展望

习近平总书记说："教师不能只做传授书本知识的教书匠，而要成为塑造品格、品行、品味的大先生"。

契约精神，归根结底其实是让学生懂得规则，遵守规则，内化规则，从而向更好的方向发展，最终使其变成自己的内驱力。这不仅落实了深圳市高级中学集团"发展为先，科学育人"的教育理念，更是践行着立德树人的初心、家校共育的原则，担当着培根铸魂的使命。

正如心理学家威廉詹姆士所说"播下一个行动，收获一种习惯，播下一种习惯，收获一种性格，播下一种性格，收获一种命运"。

班级发展的几个阶段与班级建设的基本原则

深圳高级中学（集团）北校区 祁菲

一个人的工作态度折射着人生的态度，而人生态度则决定了一个人最终的成就。做班主任老师，事务纷繁复杂，不仅是对我们体力的考验，更是对脑力、心理的一次大考。对于新手班主任而言，我们始终要保持良好的心态，认真履行自己的班主任职责和义务。

班集体是班级教育、教学活动开展的大单位群体，而如何进行班级建设，才能使班集体发挥最大的育人效力，是我们担任班主任初期就要思考的问题。

班级建设是为增强班级管理效能、实现育人目标，师生努力通过明晰共同的成长愿景，设置合理的人员构成、明确的岗位分工，建立和谐的人际关系、稳定的班级运作机制、良好的学习环境而打造的学习生活共同体，以满足学习者的自尊、归属感、认同感，提高学习者的参与度，最终实现自我教育的功能。

一、班级发展的几个阶段

（一）松散群体阶段

刚刚步入初一的孩子，可能来自不同的小学、不同的社区、不同的家庭。形成一个班集体伊始，同学之间、师生之间有初步的交往，但是彼此不熟悉，因而此时集体之间的交往存在表面性、情境性。

班级形成初期，有校规或者班规的纪律约束，但是这种约束是外在的，学生可能缺乏认同感和归属感，此时班级成员没有形成共同的奋斗目标，班

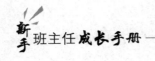

级风气尚在形成阶段。

（二）班集体形成阶段

经过一段时期的磨合，班级已经形成一个整体，主要表现为：制度完善、有组织纪律性、能够有序地开展班级活动。此时班干部成为班级领导的核心，他们有号召力，在同学们中间树立了威信，班级成员已经对班级文化有初步的认同，有归属感。

（三）学习共同体阶段

在班主任的继续引导和努力下，班集体会进入下一个学习共同体阶段，此阶段的班集体由师生共同组成，以完成共同的学习任务为载体，以促进成员全面成长为目的，是通过人际沟通、交流和分享各种学习资源而相互影响、相互促进的学习集体，能够满足学习者的自尊和归属感需要，具有共同的奋斗目标、统一的价值取向。

二、班级建设的必要原则

（一）导向性原则

班级建设需要与国家政治方向中的德育总目标、新时期的方针、政策和任务相吻合。班主任需要不断地通过学习，与时俱进，在"为谁培养人"和"培养什么样的人"的问题上答案清晰而明确。这些政治导向都要成为班级建设的根本和基础。

（二）规范化原则

班级建设需要定标准、定要求，例如《班级量化考核》，而这种标准和要求的制定不能班主任"一言堂"，需要引导全体学生构建班级认同，共同协商制定，这样才能很好地保障制度的可行性。标准和要求的制定要使班级行为或活动易于达成。

（三）凝聚力原则

制度存在个体差异化竞争，但是首先必须保障班级凝聚力。凝聚力是指群体成员之间为实现群体活动目标而实施团结协作的程度。无论是教育还是教学活动的开展，在凝聚力强的班级中开展，都会事半功倍。

（四）激励性原则

班主任是班级的管理者、奋斗目标的引领者，在班级建设时需要充分考虑到制度的激励性——激发和鼓励学生朝着所期望达成的目标采取行动，这也是管理者必须解决的问题。

初中生习惯养成教育

深圳高级中学（集团）北校区　祁菲

初中生关键能力养成需要学校、家庭、社会共同努力。班级应当通过丰富多彩的教育资源和活动，积极引导学生参与学习和实践，帮助他们发展自己的关键能力，形成生活、学习的良好习惯。

一、诚实守信，举止文明

在班级建设和习惯教育中，诚实守信和举止文明是塑造学生品格的重要组成部分。这一理念强调了价值观的培养，以及对社会责任感和道德行为的重视。通过培养学生的诚实、守信和文明举止，我们可以建立积极的班级文化，为学生成长提供坚实的道德和行为基础。

诚实守信在班级建设和习惯教育中扮演着至关重要的角色。首先，它有助于培养学生的品格。诚实守信是道德品质的核心，它教导学生诚实地表达自己的思想和行为，不欺骗他人，不作弊，不伪造。这种品质有助于塑造学生的道德基础，培养他们成为更有价值的人。其次，诚实守信有助于建立信任关系。在班级和社会中，信任是一项宝贵的资源，它是人际关系的支柱。诚实守信的行为建立了信任，使人们愿意互相合作、交往和分享。在班级中，建立互相信任的关系有助于更好地合作学习，创造积极的学习环境。最后，诚实守信为社会责任感的培养奠定了基础。学生具备诚实守信的品格，不仅会对自己负责，还会对他人和社会负责。这一价值观教导他们在社会互动中尊重他人，关心社会问题，并积极参与社会活动。诚实守信是社会责任感的起点，它引导学生成为积极、负责任的社会成员。诚实守信不仅有助于培养学生的品格，还有助于建立信任关系，为社会责任感的培养奠定基础。在班级建设和习惯教育中，这一价值观不可或缺，它为学生的道德成长和社会参与提供了坚实的基础。

诚实守信的理念在班级建设中具有重要的地位，因为它有助于塑造积极的班级文化和学生品格。首先，品德教育是培养诚实守信的核心。在班级中，教师应积极传授道德价值观，鼓励学生明白诚实和守信的重要性。通过课堂讨论、道德故事和伦理思考，学生能够更深入地理解这些价值观，明白它们如何在日常生活中应用。其次，诚实守信有助于建立相互信任与合作的关系。在班级中，信任是学生之间和教师与学生之间关系的基础。通过诚实守信的行为，学生可以建立彼此之间的信任，这有助于更好地合作学习，解决问题，共同实现目标。信任和合作的氛围也有助于提升班级凝聚力。最后，诚实守信强调了道德榜样的重要性。教师和学校领导应充当道德榜样，展现出诚实守信的典范行为。这样的榜样行为对于学生的道德发展至关重要，学生会受到榜样的影响，模仿榜样的行为。班级建设中的诚实守信需要品德教育的支持，强调信任与合作的重要性，并依赖道德榜样的力量。通过这一综合方法，我们可以建立积极的班级文化，培养学生的诚实守信价值观，促进他们的品格成长。这不仅有益于班级内部的和谐与凝聚，还有助于学生成为更有道德良知的社会成员。

将习惯教育与诚实守信理念相结合，可以帮助学生更深入地理解这些道德原则，并在日常生活中积极应用它们。首先，习惯教育应重点培养学生的价值观。通过反思和讨论，学生能够明白什么是对和错，以及为什么诚实守信是重要的。这种价值观培养使他们更有动力去践行这些道德原则。其次，习惯教育有助于培养学生的道德决策能力。学生会面临各种各样的道德抉择，需要学会如何应对这些抉择。通过习惯教育，他们可以练习道德决策的过程，思考自己的价值观和选择的后果，从而更容易做出符合诚实守信原则的决策。最后，习惯教育帮助学生应对道德困境。生活中，学生可能会面临道德冲突，需要在诚实守信和其他诱惑之间做出选择。习惯教育可以提供工具和策略，使学生更好地应对这些困境，坚守他们的道德信仰，维护诚实守信的原则。综合来看，习惯教育与诚实守信的结合有助于培养学生的价值观，提高他们的道德决策能力，帮助他们应对道德困境。这一综合方法不仅有助于学生的道德成长，还有助于他们成为诚实守信的社会成员，推动社会的道德水准和文明行为。因此，教育者应重视这一综合方法的应用，为学生的全面发展提供支持。

在教育领域，我们追求的不仅是学生的学术成就，更是他们的道德品格和行为表现。构建"诚实守信，举止文明"的班级文化是实现这一目标的关键，因为这不仅关系到学生在学术领域的成功，还涉及他们未来在社会中的角色和影响力。诚实守信的重要性无法被低估。这一道德原则培养了学生的诚实、守信、正直，使他们具备了正确的价值观和行为准则。通过诚实守信，学生建立了坚实的道德基础，这将引导他们在日常生活中遵循道德规范，尊重他人，维护诚实和公平。这不仅有助于构建和谐的班级关系，还有助于培养学生成为社会中具有责任感和道德良知的公民。举止文明是诚实守信的延伸。文明的行为涉及尊重他人、尊重环境和遵守社会规范。在班级中，文明行为创造了积极的学习氛围，使每位学生感受到尊重和关怀。文明行为也有助于学生建立积极的社交技能，使他们在日常互动中更有信心，更能够解决冲突，更好地合作。这些技能将伴随他们一生，影响他们的职业生涯和社交生活。这不仅有益于学生的个人成长，也有助于提升整个社会的道德水准。因此，让我们共同努力，建设"诚实守信，举止文明"的班级文化，为学生的未来和社会的进步做出贡献。

二、讲究卫生，锻炼身体

班级建设是培养学生综合素养和健康生活方式的重要组成部分。讲究卫生和锻炼身体是构建一个强健班级文化的关键元素。

　　讲究卫生和锻炼身体在班级建设和习惯教育中具有重要的价值。首先，卫生对健康产生深远的影响。保持良好的卫生习惯可以降低患疾病的风险，增强免疫力，提高生活质量。在班级环境中，卫生问题不仅影响个人的健康，还可能传播疾病，因此培养卫生意识尤为重要。其次，身体锻炼与学业表现存在紧密关联。研究表明，适度的身体锻炼有助于改善认知能力、提高专注力和记忆力，从而对学生的学业表现产生积极影响。在班级建设中，提供身体锻炼的机会可以增强学生的学习能力和自信心，有助于他们更好地面对学术挑战。最后，卫生和身体锻炼有助于培养自律和健康生活的习惯。学生养成良好的卫生习惯，可以培养自我照顾的能力，提高生活质量。同时，身体锻炼可以帮助学生建立积极的生活方式，培养自律和坚韧的品质，这对他们的未来发展至关重要。因此，在班级建设和习惯教育中，我们应该强调卫生和身体锻炼的重要性。这些价值观不仅有助于学生的身体健康，还对其学业和生活方式产生积极影响。通过传授卫生知识、提供锻炼机会以及培养自律和健康的习惯，我们可以培养出更有责任感、健康和坚忍的学生，为他们的未来和社会的进步铺平道路。

　　健康教育在班级建设中扮演着关键的角色。首先教师可以通过课堂教育和特定的健康主题活动，向学生传授有关卫生和健康的知识。这不仅可以帮助学生理解卫生的重要性，还能激发他们对自身健康的责任感。健康教育还可以涵盖饮食、睡眠、心理健康等多个方面，使学生形成全面的健康意识。其次，卫生文化的培养在班级中创造了干净、整洁和卫生的环境。班级应该设立规范和标准，以确保学生养成良好的卫生习惯，如垃圾分类、洗手、保持教室整洁等。通过卫生文化的培养，学生将更容易接受和践行卫生习惯，不仅在学校内，也在生活中推广。最后，激励学生积极参与身体锻炼是班级建设的重要组成部分。学校可以提供多样化的锻炼机会，如体育课、操场活动和健康挑战。奖励制度和竞赛也可以激励学生积极参与锻炼。通过让学生亲身体验身体锻炼的乐趣和益处，他们将更有动力坚持锻炼，培养健康的生活方式。在班级建设中，健康教育、卫生文化的培养和身体锻炼的激励相辅相成，帮助学生全面理解和践行卫生与健康的原则。这不仅有助于提高学生的生活质量，还有助于形成健康、自律的生活习惯，为他们的未来和社会的和谐发展打下坚实基础。

习惯教育在培养卫生和锻炼身体的价值观方面起到了至关重要的作用。首先，它有助于培养卫生习惯。通过坚持教育和提醒，学生可以逐渐养成洗手、保持个人卫生、垃圾分类等卫生习惯。这些习惯不仅有助于个体的健康，还有助于创造整洁、卫生的学习和生活环境。其次，习惯教育有助于锻炼身体的养成。学生可以通过定期的体育课、操场活动以及自主的锻炼计划，逐渐形成锻炼身体的习惯。这不仅有助于维持身体健康，还有助于培养自我克制、毅力和自律的品质，这些品质在学业和生活中同样重要。最后，习惯教育强调了自律和健康生活的习惯养成。学生通过克服惰性、坚持锻炼、自觉控制饮食等方式，逐渐养成了自律的品质。这种自律不仅在卫生和锻炼方面有益，还在学业和职业生涯中发挥着重要作用。通过习惯教育，学生学会了自我管理和追求健康的生活方式。习惯教育在培养卫生和锻炼身体的价值观方面具有不可替代的作用。它有助于培养卫生习惯、锻炼身体的养成以及自律和健康生活的习惯养成。通过这一综合方法，我们可以培养出更有责任感、卫生、自律和健康的学生。

在班级建设和习惯教育的过程中，培养卫生和锻炼身体的班级文化是为学生的全面成长奠定坚实基础。讲究卫生和锻炼身体不仅是一种行为，更是一种生活态度和价值观。维持良好的卫生习惯有助于降低疾病的风险，增强免疫力，提高生活质量。健康的身体是事业和学业成功的基础，因此培养这些价值观对学生的全面成长至关重要。同时，卫生和锻炼身体不仅有助于个人健康，还有助于改善整个班级的学习和生活环境，创造更好的社交和学习氛围。班级建设中的卫生与锻炼身体可以通过多种方式实现。在课堂上，健康教育可以融入各个学科，使学生更好地理解健康和卫生知识。在班级中，可以建立卫生文化，设立卫生规范和标准，帮助学生养成良好的卫生习惯。此外，通过激励学生积极参与身体锻炼，如提供奖励和竞赛，可以让他们更有动力坚持锻炼，培养健康的生活方式。总之，培养卫生和锻炼身体的班级文化对学生的全面成长和社会的和谐发展有重要意义。

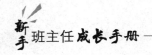

三、勤俭节约，懂得感恩

班级建设是培养学生全面素养和道德品质的关键环节。在当今社会，勤俭节约和懂得感恩是重要的价值观，它们不仅关系到学生的个人品德，还关系到社会的可持续发展和和谐共处。下面将探讨如何在班级建设中将勤俭节约和感恩的理念融入习惯教育，培养学生的节俭意识和感恩心态。

在班级建设和习惯教育中，培养勤俭节约和感恩的价值观具有深远的意义。首先，这些价值观有助于学生认识到社会资源的有限性。现代社会中，各种社会资源，如能源、食物和自然环境等正面临日益严峻的挑战，学生应当明白这一点。勤俭节约的意识可以帮助他们更有效地利用有限的资源，减少浪费，为未来的可持续发展贡献一己之力。其次，勤俭节约和感恩有助于培养学生谦卑与满足感。当学生明白他们所拥有的并不是理所当然的，他们会更加谦虚，不会过分索取或挥霍资源。这种谦卑与满足感使他们更加满足于现有的生活，减少不必要的追求，从而更容易达到幸福感。最后，勤俭节约和感恩培养了社会责任感。当学生明白社会资源的有限性，他们会更加关心社会问题，并愿意为改善社会状况贡献自己的力量。这种责任感将推动他们积极参与社会事务，关心弱势群体，并推动社会的公平与进步。勤俭节约和感恩的重要性体现在帮助学生认识资源有限性，培养谦卑与满足感，以及激发社会责任感上。这些价值观不仅有助于学生的个人成长，还有助于塑造具有社会责任感的社会成员，为社会的可持续发展和和谐共处做出积极贡献。在班级建设和习惯教育中，应强调这些价值观的培养，为学生的未来和社会的进步铺平道路。

班级建设是培养勤俭节约与感恩的理念的理想平台。首先，通过在班级中实践资源节约，学生可以亲身体验勤俭的重要性。这可以包括节约纸张、水电、食物等资源。这些实践不仅有助于降低浪费，还可以减轻环境负担。学生参与这些实践时，将逐渐养成节约的习惯，使之成为日常生活的一部分。其次，班级建设也应注重感恩心态的培养。这可以通过鼓励学生每天回顾并记录自己所感到感激的事情来实现。感恩心态有助于学生更加关注生活中的积极方面，减少抱怨和不满情绪。这种积极的情感体验有助于改善心理健康，提高幸福感，同时能够培养学生对他人的感恩之情。最后，班级建设应致力于共享与互助的文化建设。通过鼓励学生分享自己的资源、知识和时间，以及互相帮助解决问题，班级可以成为一个互相支持和关爱的社群。这种文化建设有助于培养互相尊重和关心他人的价值观，为学生提供一个充满爱和感恩的环境。班级建设是培养勤俭节约与感恩的理念的理想场所。通过实践资源节约、培养感恩心态以及共享与互助的文化建设，我们可以帮助学生更好地理解并践行这些价值观，在班级内部和社会中成为更有责任感和感恩心态的成员。这种文化将对学生的成长和社会的进步产生积极影响。

习惯教育在培养勤俭节约与感恩的价值观方面发挥着关键作用。首先，它有助于培养学生的经济意识。通过习惯教育，学生可以更好地了解经济和资源的运作方式，明白资源的获取和分配并不是理所当然的。他们将开始明白金钱的价值，以及如何理性管理资源，从而在生活中更加节俭和负责。其次，习惯教育鼓励感恩实践和社会参与。学生通过参与感恩活动，如志愿服务、捐助活动等，可以体验到感恩的实际意义。这种亲身经历能够让他们更深刻地理解和珍视生活中的恩惠，同时培养了关心他人、帮助他人的情感。最后，习惯教育鼓励互助和分享。学生通过互相帮助解决问题，共享资源和知识，建立了一种互助文化。这不仅有助于加强班级的凝聚力和团队合作，还培养了学生关心他人、互助和分享的价值观。这些价值观不仅在班级中有益，也将在他们未来的社会生活中发挥作用。

在班级建设和习惯教育的过程中，培养勤俭节约和感恩的价值观是为学生的全面成长和未来社会的和谐发展奠定坚实基础。勤俭节约不仅关乎个体的资源管理，更是关乎社会的可持续发展和资源的合理分配。感恩心态则教导学生珍惜他们所拥有的一切，为生活中的小事感到满足和感激，同时激发他们为社会奉献和关爱他人的愿望。通过班级建设，我们可以将这些价值观融入学生的日常生活。在班级中，学生可以亲身实践资源的节约，学会不浪费，从小事做起。班级可以举办感恩活动，让学生感受到感恩的力量，培养一颗感恩的心。同时，共享与互助的文化也在班级中得以培养，学生可以相互帮助，分享资源，建立良好的人际关系。总之，习惯教育是培养这些价值观的有效途径。它培养学生的经济意识，使他们能够理解资源的有限性，明白金钱的价值，学会理性管理资源。感恩实践和社会参与让学生亲身体验感恩的重要性，培养他们的社会责任感。而鼓励互助和分享的文化建设强调了班级的凝聚力和团队合作，使学生能够培养关心他人、互助和分享的价值观。

四、课外阅读，开阔眼界

班级建设是培养学生综合素养和习惯养成的关键领域。课外阅读是一项重要的教育活动，它可以帮助学生开阔眼界、提高阅读能力、培养独立思考，为班级建设和习惯教育提供了宝贵机会。下面将探讨如何在班级建设中引入课外阅读，促进学生的知识积累和习惯养成。

课外阅读在班级建设和习惯养育中扮演着至关重要的角色，因为它不仅有助于学生开阔眼界和知识积累，还提高了他们的阅读能力，培养了独立思考和批判性思维。首先，课外阅读有助于开阔学生的眼界和知识积累。通过阅读不同类型的书籍、文章和材料，学生可以接触到各种主题、观点和文化。这种多样性促进了学生对世界更全面的理解，帮助他们形成更丰富的知识体系。这不仅有助于学生的学术发展，还有助于培养他们的人文素养，使他们更具包容性和社会责任感。其次，课外阅读提高了学生的阅读能力。通过大量阅读，学生可以提高阅读速度、理解能力，积累阅读理解技巧。这对于学术成绩的提高和未来职业发展至关重要。阅读也有助于扩大学生的词汇量，提高语言表达能力，这对于有效沟通和学业成功至关重要。最后，课外阅读培养了学生的独立思考和批判性思维能力。当学生阅读各种观点的书籍时，他们被鼓励思考、分析和评估所读内容。这有助于培养学生的批判性思维，使他们能够更好地理解信息、做出明智的决策，并更好地参与社会和文化对话。这种思考能力对于培养具有领导潜力和社会责任感的公民至关重要。总之，课外阅读的重要性不容忽视，因为它有助于学生开阔眼界和积累知识，提高阅读能力，培养独立思考和批判性思维。在班级建设和习惯养育中，教育者应鼓励学生积极参与课外阅读活动，以帮助他们发展综合素养，成为更有思考力和领导力的个体，为未来的挑战做好充分准备。

在班级建设中引入课外阅读有助于培养学生综合素养和习惯养成，其中包括了以下几个关键方面。

第一，阅读文化的倡导。班级建设的第一步是倡导阅读文化。教育者和学校领导应该鼓励学生养成阅读的习惯，并将阅读视为一项重要的活动。通过课堂宣传、班级会议和家长互动，传达课外阅读的价值和意义。教师和学校图书管理员可以推荐书目，提供阅读建议，以激发学生的阅读兴趣。

第二，阅读活动的组织。为了激发学生的阅读兴趣，班级可以组织各种阅读活动，如阅读比赛、读书会、阅读马拉松等。这些活动不仅提供了学生展示自己阅读成果的机会，还加强了班级的凝聚力。教师还可以为学生提供多样化的阅读材料，包括小说、杂志、报纸等，以满足不同学生的兴趣和阅读水平。

第三，阅读成就的认可。为了鼓励学生积极参与课外阅读，应该给予他们适当的认可。这可以通过颁发阅读成就证书、奖章、奖学金或其他奖励方式来实现。奖励制度可以激发学生的学习动力，促使他们更积极地参与阅读活动。同时，学校和班级应该定期公开表彰阅读达人，以鼓励更多的学生积极参与。在班级建设中引入课外阅读有助于创造积极的学习氛围，培养学生的阅读习惯和综合素养。

习惯教育与课外阅读之间存在密切的联系，因为习惯教育不仅可以帮助学生养成良好的阅读习惯，还可以增强他们的阅读兴趣，同时强调阅读与学业之间的紧密关系。首先，习惯教育的一项重要任务是培养学生的阅读习惯。通过课堂教育和家庭引导，学生可以逐渐养成每天阅读的习惯。这意味着将阅读纳入日常生活的一部分，无论是在课堂上还是在家庭环境中。教育者和家长可以共同努力，制定阅读时间表，确保学生有足够的时间沉浸在书籍中，培养持之以恒的阅读习惯。其次，习惯教育还有助于增强学生的阅读兴趣。教育者可以引导学生选择适合自己兴趣和阅读水平的书籍，鼓励他们发掘各种主题和体裁。此外，通过讨论、分享阅读体验和鼓励学生选择自己感兴趣的阅读材料，可以激发他们的阅读热情。阅读的过程不仅是获取知识

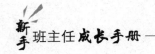

的旅程，还是探索乐趣和满足好奇心的旅程。最后，习惯教育还强调了阅读与学业之间的关联。学生应认识到，阅读是知识获取和学习的重要途径。阅读不仅可以积累学科知识，还可以培养批判性思维和分析能力。习惯教育的目标之一是帮助学生理解阅读与学业之间的直接联系，鼓励他们将阅读作为学习的有力工具。这不仅有助于提高学生的学业成绩，还有助于他们未来的职业发展。

总之，在培养学生综合素养和习惯养成的旅程中，课外阅读扮演了不可或缺的角色。班级建设不仅可以倡导阅读文化、组织阅读活动、认可阅读成就，还可以将习惯教育与课外阅读融合，共同促进学生的全面发展。培养阅读习惯是一项重要任务，它使学生将阅读视为生活的一部分，将知识积累融入日常。同时，培养阅读兴趣可以激发学生的好奇心，让他们在书本中找到乐趣。最重要的是，阅读与学业之间的关联，使学生认识到阅读是学习的有力工具。

五、学会避险，学会自救

班级建设的关键目标之一是培养学生具备应对风险和自我保护的能力。在日常生活中，学会避险和自救对于学生的安全和发展至关重要。以下将探讨如何在班级建设中引入避险和自救的习惯教育，以培养学生的安全意识和自我保护技能。

避险和自救的能力在班级建设和习惯养育中占据着至关重要的地位，因为它们不仅有助于培养学生的安全意识，还提升了他们的生活技能，同时强调了在紧急情况下的自救能力。首先，安全意识的培养是避险和自救的重要基础。学生应该明白，无论是在学校、家庭还是社会环境中，安全是生活的首要任务。通过教育和讨论，学生可以认识到各种潜在的风险和威胁，并学会如何避免危险情况。培养安全意识有助于他们在日常生活中更加警觉和负责，从而减少潜在危险的风险。其次，避险和自救有助于提升学生的生活技能。学生应该掌握基本的生活技能，如急救知识、火灾逃生技巧、自我防卫等。这些技能不仅在日常生活中能起到关键作用，还可以在紧急情况下挽救生命。通过学习这些技能，无论是在学校、家庭还是社会中，学生将更有信心和能力应对各种情况。最后，避险和自救的能力在紧急情况下起到至关重要的作用。学生应该了解如何在危险情况下保持冷静，采取适当的行动，以自救和帮助他人。这种自救能力可以在突发事件中发挥关键作用，减少伤害和风险。通过定期的紧急情况演练和培训，学生可以培养这种能力，确保他们在危险情况下能够正确应对。通过培养安全意识、提升生活技能和强调自救能力，我们可以为学生的安全和未来发展奠定更加稳固的基础。在班级建设和习惯养育中，应该将这些内容纳入教育计划，帮助学生充分掌握避险和自救的重要技能，以确保他们在任何情况下都能保持安全和自信。

在班级建设中，引入避险和自救的元素至关重要，可以帮助学生培养安全意识和自我保护能力。以下是在班级建设中实施避险和自救的关键方法。

第一，普及安全教育。班级建设的第一步是将安全教育融入课堂和学校生活。教育者应该通过课程内容和讨论来传达有关安全的知识，教导学生如何避免潜在的危险情况。这包括教育学生有关火灾、地震、急救和自我保护的基本知识。安全教育应该是一个渗透到学校文化中的重要元素，以确保学生能够时刻保持警觉。

第二，紧急情况演练。为了使学生能够应对紧急情况，班级应该定期组织紧急情况演练。这可以包括火灾逃生演练、地震应对演练、急救培训等。通过实际参与这些演练，学生将更容易掌握自救和互相帮助的技能。此外，紧急演练还可以帮助学生在紧急情况下保持冷静，采取适当的行动，从而减少风险和伤害。

第三，同学互助与团队合作。班级建设也可以强调同学互助和团队合作的重要性。学生应该明白，在紧急情况下，互相帮助是至关重要的。教育者可以组织团队活动，教导学生在危险情况下如何协作和互相支持。这不仅可以增强学生之间的关系，还可以培养他们的社会责任感和团队合作精神。将安全教育融入班级建设、定期进行紧急情况演练以及强调同学互助和团队合作，可以帮助学生养成避险和自救的习惯。这将使他们更加自信和安全地面对潜在的危险情况，并为未来的生活和社会做好充分准备。在班级建设中强

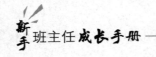
调这些内容不仅有助于学生的安全，还有助于塑造积极的学校文化，鼓励学生互相关心和支持。

习惯教育在培养学生的避险和自救能力方面发挥着至关重要的作用。通过习惯教育，我们可以帮助学生养成安全习惯，培养冷静应对紧急情况的能力，强调社会责任感的培养。首先，培养安全习惯。习惯教育的一个关键方面是培养安全习惯。学生应该逐渐养成遵守安全规则和注意事项的习惯，无论是在学校、家庭还是社交场合。这包括学习如何正确使用安全设备、如何遵循交通规则、如何保持个人卫生等。通过不断地重复和强调，这些安全习惯将渗透到学生的日常生活中，使他们能够更好地避免潜在的危险。其次，紧急情况下的冷静应对。习惯教育还应该着重培养学生在紧急情况下保持冷静的能力。学生需要了解如何在压力下思考和采取适当的行动，以自救和帮助他人。这可以通过模拟紧急情况、角色扮演和讨论来实现。培养冷静应对紧急情况的能力不仅可以减少伤害，还有助于提高学生的自信和应变能力。最后，社会责任感的培养。习惯教育还应该强调社会责任感的培养。学生应该明白，在紧急情况下，他们有责任帮助他人。通过强调互相帮助和支持的重要性，我们可以培养学生的社会责任感和同理心。这将鼓励他们在需要时勇敢地伸出援手，共同面对各种挑战和危险情况。

避险和自救的习惯教育不仅在班级建设中发挥了关键作用，而且为学生的安全和未来发展铺平了道路。通过培养安全意识、提高生活技能、强调自救能力，并强调社会责任感，我们赋予学生更多的力量和信心，让他们能够更加自信地面对生活中的各种挑战。这种全面的教育方法不仅有助于学生更好地了解如何避免潜在的危险，还他们学会如何在危急时刻冷静应对，采取适当的行动。同时，它强调了互相帮助和团队合作的价值，培养了学生的社会责任感和同理心。

六、善于思考，敢于提问

在班级建设和习惯教育中，"善于思考，敢于提问"是一项关键的教育目标。通过培养学生的思维能力和提问技巧，我们能够激发他们的学习兴趣、培养批判性思维、促进自主学习，以及加强班级内的互动与合作。下面将探讨如何在班级建设中培养学生的思考与提问能力，以及如何将这一理念融入习惯教育，帮助学生更好地应对日常生活和学习中的挑战。

"善于思考，敢于提问"在班级建设和习惯教育中具有重要的价值。首先，这一理念有助于培养学生的批判性思维能力。鼓励学生主动提出问题、探究问题并分析问题，激发了他们思考的欲望。批判性思维使学生不仅能够接受信息，还能够质疑、理解和评估信息的有效性。这种能力在解决问题、做出决策和应对复杂情况时至关重要，为学生的终身学习和发展提供了坚实的基础。其次，鼓励"善于思考，敢于提问"也能激发学生的学习兴趣。当学生主动提出问题并积极参与课堂讨论时，他们更容易被教育内容吸引，因为他们主动参与到知识的探索中。这种积极的学习态度有助于提高学生的专注力和学习动力，从而更好地理解和掌握所学内容。最后，培养"善于思考，敢于提问"的能力促进了自主学习。学会提问是自主学习的关键因素，因为学生能够主动寻找答案，解决疑虑，并深入学习感兴趣的领域。这种自主学习的能力有助于学生更好地应对日常生活和学习中的各种挑战，培养他们的独立性和学习的可持续性。因此，"善于思考，敢于提问"不仅是一种教育方法，更是一种生活方式。在培养学生的批判性思维、激发学习兴趣和促进自主学习方面，这一理念发挥了关键作用，为学生的全面成长提供了有力的支持。

班级建设中的思考与提问是为了构建积极的学习环境，使"善于思考，敢于提问"的理念真正发挥作用。首先，创造良好的课堂氛围至关重要。这意味着教师应该营造一个鼓励学生提问、分享意见和思考的课堂氛围。这可以通过互动性的教学方法、尊重每个学生的声音、鼓励讨论和合作等方式实现。在积极的课堂氛围中，学生更愿意表达自己的想法，提出问题，并参与到教育过程中。其次，提问技巧的培养对于班级建设至关重要。教师可以通过培养提问技巧来引导学生思考，并激发他们的好奇心。这包括提出开放性问题，鼓励学生解释和论证他们的观点，以及引导他们提出更深入的问题。教师还可以采用启发性提问的方法，鼓励学生从不同角度思考问题，从而培养他们的批判性思维。最后，鼓励学生的参与是班级建设中的重要一环。教师应该积极地鼓励学生提问，回答问题，分享意见，以及参与课堂活动。通过鼓励学生的参与，教师可以帮助他们培养自信，更加认可自己，从而更积极地参与到学习中。学生的积极参与也有助于创造更具互动性和合作性的班级文化。综合而言，班级建设中的思考与提问需要创造积极的课堂氛围，培养提问技巧，并鼓励学生的积极参与。这些因素共同作用，有助于将"善于思考，敢于提问"的理念融入班级文化中，为学生的学习和成长创造更有益的环境。

　　习惯教育与思考提问的结合可以在学生的日常生活和学习中产生深远的影响。首先，这种结合有助于树立积极的思考和提问的价值观。学生通过教育理解到思考和提问是知识获取和问题解决的关键步骤，从而懂得了这些行为的重要性。这一价值观使学生更愿意思考复杂问题，主动提出疑问，以及追求深入的理解。其次，习惯教育与思考提问相结合可以培养积极的学习习惯。学生学会如何主动思考和提问，以满足他们的好奇心，从而更有效地探索知识和解决问题。积极的学习习惯包括定期反思、独立学习和主动解决困难，这些习惯使学生更有自信，更有动力，更能应对挑战。最后，习惯教育与思考提问的结合还有助于帮助学生解决问题。学生通过思考和提问培养了解决问题的能力。他们能够分析问题、寻找解决方案，以及采取行动来解决困难。这种能力在学术、职业和日常生活中都至关重要，使学生更具应对各种情况的自信。习惯教育与思考提问的结合有助于树立积极的价值观，培养积极的学习习惯，以及帮助学生解决问题。这一综合方法不仅有助于学生在学术上取得成功，还有助于他们的个人发展和终身学习能力的培养。因此，教育者应重视这一综合方法的应用，为学生的全面发展提供支持。

　　"善于思考，敢于提问"是一项深具价值的教育理念，它不仅在班级建设中发挥重要作用，还在习惯教育中产生深远的影响。在我们的学校和社会中，培养学生的思考和提问能力是关乎他们未来成功的关键。他们具备了解决问题的技能，不会被复杂的情况所困扰，能够自信地迎接各种挑战。因此，我们应该坚守"善于思考，敢于提问"的教育理念，将其融入班级建设和习惯教育中，为学生的全面发展奠定坚实基础。

第二节　打造特色班级

树立良好班风

深圳高级中学（集团）北校区　　艾聪

对于建设一个好的班级来说，好的班风至关重要，良好的班风如春风化雨，会在潜移默化里影响班级每一位学生的成长，从而最终影响班级的发展。

而好的班风的形成也不是一蹴而就的，它在班级每天发生的小事里、在班主任每一声的叮嘱中、在每一堂课的教学中悄然凝聚，需要班主任有愚公移山的毅力、滴水穿石的耐力和雷厉风行的执行力。

建设良好的班风需要依从以下几个原则。

一、让看不见的班风变成响亮的口号

班风主要体现在学生的行为上，行为由思想主宰，因此班主任要先思考对于本班而言，我们需要树立怎样的班风，如刻苦学习、乐于助人、团结向上等。

二、通过危机事件的处理，让班风的口号深入人心

在班级组建之初，有的学生无论是参与集体活动还是课上参与教学活

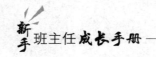
动，都有较为规范的行为规则意识，有的学生则对规则的意识较为淡薄，参与各种活动依然以自我为中心。如果班主任刚刚接手这个班级，就要预留充分的时间观察学生，充分了解学生的情况，了解哪些学生会成为良好班风的执行者而哪些同学会背道而驰，需要我们去加以引导。

随着时间的推移，学生过去已经养成的习惯与思维意识会逐渐暴露，学生之间必定会发生矛盾与冲突。根据不同的情况，班主任可以选择在班会课进行集体教育，或是私下场合进行个人沟通，利用这些冲突与危机的处理不断让良好班风的口号深入人心。

三、让有凝聚力的班干部团队带头推进良好班风的形成

如果班级只有班主任一个人带头，那么力量无疑过于微小，因此一定要建立一支有凝聚力的班干部团队，成为班主任的左膀右臂，共同带好头践行班级制度规则，树立良好班风。笔者之前带过的班级，班长和其他班干部在同学之间有很强的威信，原因是他们自己能够在很多情形下恪守班规，并且热心帮助同学带头学习，以自身的人格魅力带领全班一同前进，这些班干部就像发光的太阳，不断散发光和热影响着周围的同学。

四、充分发挥班主任的影响力，让班风的熏陶无处不在

"其身正不令而行，其身不正虽令不从。"班主任作为这群孩子的"孩子王"，如果能释放自身的影响力就能在很大程度上影响与感染学生。首先，班主任在教学上要不断提高自己的教学水平。一个好的任课老师不一定是一名好的班主任，但是一个好的班主任首先是一名好的任课老师。其次，班主任在事务的处理上要让学生心服口服，力求公平公正，在学生心中树立一个良好的形象。如此，班主任的影响力才能不断得到释放。

风乃无形之物，却无孔不入，希望每一位班主任都能在良好班风的成就之路上笃行不怠，让春风滋养万物。

建设家校合作团队

深圳高级中学（集团）北校区　艾聪

家校合作是指教育者与家长（和社区）共同承担儿童成长的责任，包括当好家长、相互交流、志愿服务、在家学习、参与决策和与社区合作六种实践类型，是现代学校制度的组成部分。

《中华人民共和国家庭教育促进法》指出，学校应该在合适的时机开展家校合作，通过家校合作共同保护未成年人的健康成长，充分发挥良好家风家训的育人作用，在学校内、家庭中都要以"立德树人"为根本任务，全面推动学校教育与家庭教育的双重改革。

从学生成长的角度看，不同学生的文化背景、经济条件和家庭背景深刻地影响着他们在学校的表现。例如，权威型的家庭与民主型家庭培养出的孩子，性格也各显差异。家庭教育是学生成长中不可或缺的一环，父母的一言一行都能潜移默化地影响孩子的成长，并且父母与孩子相处的时间长、经历的事情多，更能深入细致地了解孩子的所思所想与性格特点，家庭教育在促进学生品德养成、弥补学校教育不足等方面能发挥重要作用。因此，要想促进学生的全面发展，教师必须与家庭紧密配合，将学校与家庭的优秀资源进行充分整合，重视家校合作的配合作用。

在实际教学工作中，很多教育工作者的家校合作素养不高，将家校合作机械性地混淆为家长和学校一同完成部分教学任务，如要求家长批改学科作业，或者检查孩子作业进行打卡接龙等，这无疑没有理解家校合作的本质，而是加重了家长的负担。

总的来说，家校合作的内容可以分为以下三个层次。

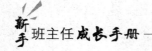

一、教育工作者可以依托平台来传达共享教育信息

首先是线上平台，教育工作者可以组建QQ群、微信群等用来传达学校要求传递给家长的信息。此层次的家校合作大致属于上传下达，但是仍然要求教育工作者不能机械性地发消息，而是要充分理解学校所发信息的育人本质，并且充分考虑到家长工作与家庭的情况，合理措辞。其次是线下平台，教育工作者可以利用校园开放日、家长会等时间，精心筹划活动、充分布置教室，引导家长充分了解校园文化与班级文化，潜移默化地促使他们形成对学校与教师的认同感。

二、通过电话、家访、问卷等形式因材施教

教育工作者可在学期的不同阶段组织各种形式的线下交流，深入了解每个家庭的基本情况、孩子的教育背景与个性特长等信息，与家长保持积极地沟通，以生为本，向他们阐述学校的教育理念，正确合理地引导家庭教育。尤其当我们在处理学生违反校规事件时，遇到家长不理解、不支持的情况，我们更要秉持着"一切为了学生""为了一切学生"的出发点耐心平等地与家长沟通，积极促成家校合作，让每一次突发事件都能成为学生成长的助推力。

三、通过文化沙龙等形式促进家校共成长

班主任可以举办不同主题与形式的线上或线下文化沙龙。例如，举办"共读一本书"活动，用来引导家长和老师一起共同阅读教育书籍、分享教育心得；或者组织"见证一朵花开"的分享故事会，让家长在分享孩子的教育心得中，共同成长；还可以引导家长和学生走进"夸夸树洞"，让家长和学生一起写一写父母和孩子彼此之间有哪些优点。有一段话说得很好："如果你不知道该怎么教育孩子，那就多认可孩子，多理解孩子，多支持孩子，不要把自己的焦虑，恐惧，愤怒，委屈转移给孩子，就是对孩子最好的教育。"赞美的力量是无穷的，孩子就像一棵小树苗，你对孩子的鼓励就如同

阳光对小树苗的呵护，因此多去赞美孩子，看见孩子的优点，才能获得最好的成长，"夸夸树洞"的活动就是基于这个初衷，能够产生良好的教育效果。

当今社会变革激烈，教育越来越强调家校共建、共生、共育，唯有家校携手，才能共同披荆斩棘，为孩子的健康成长保驾护航。

建设有战斗力的教师团队

深圳高级中学（集团）北校区　艾聪

做一名智慧的班主任不仅要加强家校合作、提升教育合力，还要凝聚学生团队力量、提升教育效果，更要凝聚教师团队的力量、提升配合力度。

一个班集体需要所有科任教师主动积极地参与，众人拾柴火焰高，一个人可以走得很快、一群人才能走得更远。要想让班级的科任教师实现"互相搭台共同上台"的共赢局面，而不会"彼此拆台共同倒台"，班主任是凝聚这个团队力量的核心，应该做到以下几点。

一、做好班级初期建设，既要坚定立场也要合理采纳

班集体最初成立的时候，班主任对班级成长规划与成长目标必定有自己的理念，虽然班主任是班级的主要组织者与管理者、领导者，但是在制订班级成长规划时也可以询问科任教师的意见。在与科任教师沟通时，班主任要摆正立场，既要充分尊重科任教师提出的建设性意见，站在科任教师的角度思考他们的意图，合理采纳，也要坚定自己的立场，注意礼貌措辞。最好能与科任教师一同设立班级成长目标，并预设达成目标中可能存在的困难与相应的解决方案，这样也能让科任教师更加了解班级情况和自己的治班理念。

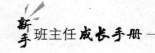
如果碰到中途接班——班主任本身不了解班级、部分科任教师熟悉班级的情况，那么在正式接班之前一定要充分请教有经验的科任教师，对班级学生和家长的基本情况进行了解，再来思考整个班级的长期规划。

二、积极邀请科任教师参与

面对班级常态化管理，班主任要积极邀请科任教师参与。无论是班级制度的制订、班级座位的调换还是班级活动的举办，班主任都要积极邀请科任教师充分参与。例如，在座位调换的时候，可以参考科任教师的建议，了解上课时哪些同学坐在一起喜欢讲话、走神，哪些同学在一起有学习动力，便可以在调座位时将他们分开或合并；在举办班级生日会等一些团建活动时，也可以邀请科任教师一起策划，不断增强科任教师的主人翁意识，同时有利于进一步加强科任对学生的了解以及二者之间的感情；在制订班级制度时，可以适当询问科任教师的意见，将可参考的意见增添到班级班规里面。

三、定期与科任教师保持沟通

面对学生动态化成长，定期与科任教师保持沟通可以及时了解学生的发展情况。每间隔一段时间，班主任要主动去找科任教师了解班级不同发展程度学生的情况，目的是弄清楚这一段时间全班学生的成长情况，并结合自己的观察，确定每一段时期表现稳定良好、有进步、退步的不同群体的学生，在班会课时要及时给予肯定或者批评，以达到正班风的目的。对于这段时间有退步的学生，班主任要格外注意分辨这些学生退步的原因，借助科任教师、学生或者家长的力量，帮助退步的学生重新回到正轨。

同时，特别要强调的是，对于学生而言，班主任是更有权威的存在，那么在学生和家长面前，班主任要特别注意树立科任教师的权威，不仅要向学生突出科任教师的优势，并且要充分支持并给予科任教师以班级管理的权利，不断增强家长、学生对科任教师的信任。

班干部的培养原则和方法

深圳高级中学（集团）北校区　吴丹

班干部不仅是学校管理和组织的中坚力量，竞选班干部也是培养学生领导能力、团队协作和责任感的重要途径。班干部在学校生活中扮演着至关重要的角色。他们不仅是学校管理和组织的桥梁，还是学生代表和领袖。班干部负责协调班级事务、维护纪律、促进团队合作，同时代表全班同学向教师和学校管理层传递和反馈信息。他们的工作不仅有助于学校的正常运行，还有助于培养学生的领导能力、责任感和团队协作技能。班干部在学校社区中是榜样，他们的表现直接影响到班级的氛围和学生的学习体验。因此，正确定位班干部的重要性不言而喻，他们的培养和发展应成为学校教育工作的重要任务之一。

在教育领域，正确定位和知行合一是两项关键任务，尤其在班干部培养方面更是如此。

定位班干部的角色确保他们在学校生活中能充分发挥其作用的关键一步。首先，班干部的职责和使命涵盖了广泛的领域，包括组织班级活动、促进学生之间的沟通和合作、协助解决问题和纠纷等。他们是教师和学生之间的桥梁，负有引导、鼓励和支持同学的责任。其次，班干部对学生、教师和整个学校社区的影响不容忽视。他们可以传递学生的声音，帮助改进学校环境，促进积极的变革。最后，他们也是学生的榜样，能够激发学生学习的积极性，使他们树立正确的价值观。在正确定位班干部角色的过程中，我们必须明确培养他们的目标。这包括培养他们的领导能力，使他们能够在学校社区中起到引领作用。同时，我们要注重培养他们的团队合作和沟通技能，以

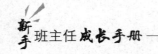
便更好地协调班级事务和解决问题。最终，我们的目标是培养有责任感、有担当的班干部，他们能够为班级和学校的整体发展做出积极贡献。通过强调这些方面，我们能够更好地理解班干部的角色，为他们的培养和发展提供明确的方向和目标。

知行合一的原则是指将理论知识与实际行动相结合，确保知识不仅停留在理论层面，还能够转化为实际行为和成果。这一原则在班干部培养中至关重要，因为它强调了培养领导者需要具备实际操作的能力，而不仅仅是理论知识。通过知行合一，班干部可以将学到的知识和技能应用于实际情境，更好地履行其职责和使命。如果一个班干部学到了解决冲突的理论知识，但他不能将这些知识转化为实际行动，帮助班级解决内部矛盾，那么这些理论知识就失去了实际意义。知行合一强调将知识付诸实践，以便在实际工作中取得更好的效果。这不仅有益于班干部自身的发展，也有助于他们更好地为班级和学校社区做出积极的贡献。

班干部培养的策略需要综合考虑多个方面，以确保他们具备丰富的知识和实际操作的能力。首先，提供培养班干部的方法和途径是关键的。这包括为他们提供相关的培训课程、工作坊和培训资源，以帮助他们掌握必要的知识和技能。培训可以涵盖领导能力、沟通技巧、团队协作、问题解决以及决策能力等方面，以便他们能够胜任各种任务和挑战。同时，培养班干部需要强调如何将知识与实践相结合。这可以通过实际的项目、任务和实践机会来实现。例如，让班干部负责组织班级活动、解决内部纠纷或者参与学生代表会议等实际任务，可以帮助他们将学到的知识应用到实际工作中。这种实践经验不仅有助于巩固他们的知识，还能够培养他们的领导和协作技能。最重要的是，培养班干部要强调领导能力、沟通技巧和问题解决能力的重要性。这些技能不仅对于班干部的个人发展至关重要，也对于他们在学校中的效力和影响力有重要作用。领导能力可以帮助他们引领同学，激发积极性，解决问题和促进团队协作；沟通技巧能够使他们更好地与教师、同学和家长沟通，有效传递信息和反馈；问题解决能力则有助于他们处理各种挑战和难题，以确保学校事务的顺利进行。总之，班干部培养的方法需要综合考虑知识传递和实践操作，培养他们的领导能力和实际操作能力。通过这些方法，我们可以确保他们在学校中能够取得更好的成就，为同学和学校社区带来积极的影响。

班干部的培养策略

深圳高级中学（集团）北校区　吴丹

班主任工作千头万绪，纷繁复杂，非常具有挑战性。记得当班主任的第一年，我曾在放学后一个人在教室里擦黑板报上的白灰，一个人默默地收拾即将验收的考场里的瑕疵，因为担心中午午休纪律不好，甚至有一个学期中午都搬到教室和学生一起午休，把班主任妥妥地当成了"大怨种"。身心俱疲的我开始思考，为学生"代劳"，亲力亲为，是不是剥夺了他们成长的机会。"忙班主任"并不意味着是"好班主任"。

班主任要学会借力，培养学生干部，把舞台还给学生。

于是在班委成立之后，我会给予他们一些工作方法和与学生相处的技巧，并对他们进行班级事务上的培训，让他们发挥各自的才能去组织和管理班级。魏书生老师说："班级事事有人做，人人有事做。"我不仅设置了常规班委和课代表，还设立了几位"大管家"。

一、工作前的培训

明确职责分工，解决班干部做什么的问题。职责需要明确，尤其是纪律班长和卫生班长，可"分时段、分工管理"。管理分时段，即把班级日常管理的时间，分为"晨读、课间、午读、放学"四个时段。每个时段罗列出纪律班长、卫生班长的主要职责，绘制成一份"值周班长职责一览表"，每位班长上岗前做到每个时段职责明晰。分时段、分工管理，主要把班级管理事务分解、细化，变得可操作。接下来需要在班主任的指导下引导他们自己摸索工作方法，这样更有利于培养孩子的工作能力。

此外还可以借助一些活动，让管理运转地更顺畅。例如，制订检查记录表，为班干部提供便利；给予有效评价，给班干部前进的动力；记录班级日志，为班干部管理提供方向。

以上是行动上的助力，此外还需要给班干部精神上的指引。例如，要做好角色定位，协助老师、帮助同学，要做好老师和同学之间沟通的桥梁；要发挥表率作用，作为学生群体的代表要时刻注意言行举止，做好表率；要勇于承担责任，以服务学生为宗旨，做好自己的本职工作，服务同学，提升自己；要保持经常沟通，秉持严谨的工作态度，各班干之间要保持良好的沟通，随时汇报工作进度。

准备工作做好，接下来我就带着我的管理团队开启第一个月的"拓荒战役"！

二、抓牢第一个月

21天养成一个好习惯，好的开头是成功的一半，所以开学之初的第一个月尤为重要。

虽然有管理团队加持，但班主任在关键时刻一定要在，下面我就来分享我一定事必躬亲的几个关键时间：

开学之初立规矩，抓纪律，抓班风。

第一个月的每一次值日，我一定会落实到人，让全体值日小组长进行学习观摩，并在大扫除完成之后进行验收，表扬学生做得好的地方，并指出需要改进的地方，引导学生重视劳动。窗明几净的学习环境让师生身心愉悦。

第一个月收作业，提前培训课代表，主要是在思想和行动两个方面：在思想方面，有原则——不包庇，有态度——要积极，有想法——要思考；在行动方面，及时做好上传下达的工作，做好老师的左膀右臂。第一个月收作业，我一定会跟踪，作业落实到全科全员，严格要求，缺交迟交的同学一定会问清楚原因，并跟踪落实其后续交作业的情况。同时督促改正，持续跟踪，如果后续的效果不好，我会联合家长，两面协同督促。

第一个月的午休，我一定是驻守班级，辅助午休班长，强调午休要求，陪伴学生养成午休自习不说话、安静休息的好习惯。

第一个月量化考核，我一定是全程跟踪值日班长，找出量化考核方案的缺陷，及时改进。

该忙的时候千万不要犯懒，否则当下埋下的"雷"一定会成为后患，后续难以解决。

不该忙的时间，那就做一个"偷懒"的班主任，就把舞台还给学生，让他们尽情展示，我们一定会收获更多的惊喜！

三、定期举办班干部会议

每两周举办一次班干部会议。一般来说初期需要班主任进行指导。第一次开会，班主任需要将主持人定好，选择主持人之后，着重观察会议开展情况。开会期间需要跟开会成员强调会议的重要性和会议的严肃性，以保证会议能够真正达到效果和发挥作用。此时班主任需要告诉学生主持人的记录是公正详细的，随后将所有成员所述问题如实记录，针对这些问题制定管理策略，进行有效管理解决。在班主任的指导启发下，由主持人将下周的工作布置分工安排，锻炼学生的管理能力。

四、"关键时刻"从不缺席

首次重大活动，班主任需要到场做好指导，定好规矩和策略，由班委牵头，分成小组，规定时间验收成果。

学校的体育节是凝聚新集体力量的盛大活动。以体育节绑腿跑为例，绑腿跑训练的第一天，我帮学生计时，和他们一起商讨对策，中间几次训练把舞台交给班委，让他们在跌倒、提速、撞线中感受集体强大的凝聚力。我时常偷偷在楼上看他们训练，班委认真负责，放学了还要组织加练。比赛当天，我会给同学们吃"定心丸"，告诉他们这些天的成长与蜕变，让他们保

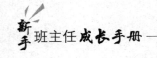

护好自己，放平心态。

大合唱活动中，我更是不缺席第一次排练，制订策略，分成小组，确定组长和组员进行教唱练习，周五验收每个小组唱的情况。音乐课课时很有限，也庆幸自己略懂皮毛的乐理知识，有时间我也组织学生练习，从唱简谱到加歌词，再到两个声部融合，当我们通过自己的努力将两个声部美妙地融合在一起，同学们都情不自禁为自己鼓掌，此时，同学们的心也融在了一起。

"火车跑得快，全靠车头带"，一个好的班委团队能够让班级实现良性发展，促进班级进步。做学会借力的班主任，你会发现，学生会给我们带来无限的惊喜！

班干部培养

深圳高级中学（集团）北校区　祁菲

一、以理服人，动之以情

班干部的培养是学校管理与教育工作中的一项关键任务，他们承担着引领同学、促进协作、解决问题等多重职责。在教育者的视角下，如何培养班干部成为具备"以理服人"和"动之以情"能力的领袖至关重要。这两个品质不仅是领导力的重要组成部分，还有助于建立积极的班级氛围。下文将探讨如何从教师的视角出发，培养班干部"以理服人"和"动之以情"的能力，以帮助他们更好地履行领导职责。

"以理服人"是一种重要的领导和人际沟通技能，它涵盖了通过理性的、合乎逻辑的方式来说服和影响他人的能力。对于班干部而言，这一技能具有至关重要的作用，因为他们需要在处理问题、解决冲突、向同学传达观点或建议时，能够以理性和逻辑说服他人。"以理服人"不仅是简单地表达自己的观点，而且是通过清晰的逻辑、合乎道理的论证以及提供可靠的信息来说服他人。这种方法有助于建立信任，因为同学们会认为班干部是明智和可信赖的。此外，"以理服人"还有助于解决问题和冲突，因为它可以帮助各方更好地理解和接受彼此的观点。对于班干部而言，"以理服人"的能力使他们能更有效地履行其职责，帮助同学解决问题、推动合作项目，以及有效传达学校政策或决策。这有助于建立积极的学校社区和班级氛围，使每个学生都感到自己的声音被听到。

培养班干部的"以理服人"能力需要一系列策略和方法，以帮助他们处理问题和冲突、强调逻辑思维和沟通技巧，以及提供模拟情境练习和角色扮演机会。

第一，培训班干部处理问题和冲突的能力。培养"以理服人"的能力首先需要教导班干部如何有效地处理问题和冲突。学校可以提供专门的培训课程，教授冲突解决技巧、问题分析方法以及有效的协商和调解技巧。这些培训有助于班干部更好地理解问题的本质，寻找解决方案，并以理性的方式与不同利益相关者沟通。

第二，强调逻辑思维和沟通技巧。逻辑思维和沟通技巧是培养"以理服人"能力的基础。逻辑思维能力可以帮助班干部提高问题分析和论证的能力。此外，沟通技巧的培训也非常重要，包括表达观点的清晰性、倾听他人的能力、提问技巧等。这些技能将帮助班干部更好地与同学和教师进行理性的沟通。

第三，提供模拟情境练习和角色扮演机会。为了帮助班干部在实际情境中练习"以理服人"的能力，学校可以提供模拟情境练习和角色扮演机会。这些练习可以包括模拟问题解决场景、模拟冲突情境、模拟会议和辩论。通过这些练习，班干部可以应用他们所学到的技能，提高他们在实际情境中应对问题和与他人交流的信心。

"动之以情"是指通过情感、同情和共鸣来影响他人，以达到某种目的的一种能力。对于班干部来说，这种能力至关重要，因为他们需要与同学建立亲近和信任的关系，以及在解决问题和推动合作项目时，激发同学的积极情感和合作意愿。"动之以情"并不是简单地表达自己的情感，而是通过情感智商和同理心，理解并回应同学的需求和情感。这种方法有助于建立更深层次的联系，因为同学们会感受到班干部的真诚和关心。此外，"动之以情"还有助于解决问题和推动合作，因为它可以激发学生的情感共鸣，使他们更愿意合作和共同努力。对于班干部而言，"动之以情"的能力使他们能更有效地履行其职责，帮助同学克服问题、建立信任以及激发积极情感。这有助于建立积极的学校社区和班级氛围，使每个学生都感到受到关心和支持。

培养班干部的动情能力需要采取一系列策略和方法，可以帮助他们提高情感智商和同理心，鼓励与同学建立亲近关系，以及提供情感表达和沟通技巧的培训。首先，培训班干部的情感智商和同理心。情感智商是理解和管理情感的能力，而同理心是理解和共鸣他人情感的能力。班主任可以提供培训课程，帮助班干部提高这些能力。这些课程可以包括情感管理技巧、情感识别训练、同理心的发展。通过这些培训，班干部可以更好地理解同学的情感需求，并学会如何回应和支持他们。其次，鼓励班干部与同学建立亲近关系。建立亲近关系是培养"动之以情"能力的关键。学校可以鼓励班干部积极参与社交活动、同学聚会和团队项目，以便与同学建立更亲近的关系。这种亲近关系可以帮助班干部更好地了解同学的需求和情感，建立信任和共鸣。最后，提供情感表达和沟通技巧的培训。情感表达和沟通技巧是培养动情能力的关键。班主任可以提供培训课程，教授情感表达技巧、积极沟通方法，以及如何建立支持性的沟通渠道。这些技能将帮助班干部更好地表达情感、倾听同学的需求，以及建立互信的沟通关系。

二、大胆管理，接受监督

在班干部培养中，大胆管理和接受监督是两个互相依存的关键要素。班干部在学校社区中扮演着重要的角色，需要具备管理技能，同时需要接受监督，以确保其职责和权力不被滥用。下面将深入研究如何实施大胆管理和建立有效的监督机制，以培养负责任和有能力的班干部。

大胆管理是一种管理方法，强调班干部在履行职责时需要采取积极主动的态度，勇于承担责任，积极推动班级事务的开展。这种管理方式要求班干部不仅要履行职责，还要在其领导下的班级活动中主动提出创新性的想法和建议。大胆管理的概念在班干部培养中至关重要，因为它有助于班干部充分发挥领导能力，提高管理班级事务的效率和创造力。首先，大胆管理强调的积极主动和创新性有助于班干部更好地应对各种挑战和问题。他们不仅是执行者，还是问题解决者和领导者。其次，大胆管理可以激发班干部的自信和领导潜力。通过承担更多的责任和主动提出想法，他们将逐渐建立自己的领导风格，增强自信心。最后，大胆管理对于班级事务的发展至关重要。它鼓励创新和改进，有助于提高班级活动的质量和吸引力，使同学更加愿意参与。大胆管理是班干部培养中的重要概念，它有助于培养班干部的领导能力，提高班级事务的执行效率和吸引力。通过积极的管理方式，班干部将更好地履行其职责，为班级和学校社区的发展做出积极的贡献。

实施大胆管理需要一系列策略和方法，以确保班干部能够成功地应用这一理念。首先，提供管理技能和领导能力培训机会。为了帮助班干部实施大胆管理，班主任可以提供专门的培训机会，包括管理技能和领导能力的培训课程。这些培训可以涵盖如何有效地组织班级活动、沟通与协作、解决问题和制订创新性的计划。通过培训，班干部可以获得必要的工具和技能，以更好地履行其职责。其次，鼓励班干部主动承担责任。学校可以通过鼓励班干部主动承担更多的责任来促进大胆管理的实施，可以通过设立激励机制、奖励表现出色的班干部，或者鼓励他们参与更多的班级事务和项目来实现。通过激发班干部的主动性，他们将更自信地提出创新性的想法和承担更多的责任。最后，讨论班干部如何有效管理班级事务。班干部需要了解如何有效地管理班级事务，确保一切有序进行。班主任可以提供指导和支持，包括制订明确的管理计划和流程，讨论如何合理分工和协作，以及如何有效地与教师和同学沟通。通过提供这些资源，班干部可以更好地履行其管理职责，确保班级事务的顺利进行。这些策略有助于班干部实施大胆管理，并确保他们能够成功地应用这一理念。通过提供培训、鼓励主动承担责任和提供管理指导，班主任可以指导班干部更好地管理班级事务，推动创新和提高活动质量，从而为班集体发展做出积极的贡献。

接受监督在班干部培养中具有极其重要的作用，它有助于确保权力被合理行使，同时有助于保持透明和公平的管理环境。接受监督意味着班干部愿意将其行为和决策暴露于他人的审查和评估之下。这有助于确保他们的工作是透明的，不会滥用权力。接受监督也传递了班干部对于负责任和诚实管理的承诺。此外，接受监督可以帮助班干部改进其工作方式，使其更适应班级和学校社区的需求。接受监督是一种制度化的方式，可以有效防止权力滥用，它确保了班干部不会滥用其职权，违反班级规定，或者偏袒某些个人。监督机制可以包括同伴评审、学生代表会议、教师评估和学校领导的参与，以确保权力不被滥用。这有助于维护学校社区的秩序和公平性，同时为学生和教师提供了表达他们看法的机会。接受监督在班干部培养中起着至关重要的作用，有助于确保权力被合理行使，防止权力滥用，并维护学校社区的秩序和公平性。通过强调这一重要性和提供案例，我们可以更好地理解有效监督的意义，为学校社区的发展创造更有活力和公平的环境。

三、关心他人，善于聆听

在班干部培养中，培养关心他人和善于聆听的品质对于建立积极的班级氛围和领导风格至关重要。班干部不仅需要具备领导能力，还需要关心同学的需求和情感，同时善于聆听他们的声音。下面将深入研究如何培养这两项重要品质，以帮助班干部成为更有担当和责任感的领袖。

关心他人是一种重要的品质，它不仅涵盖情感上的关心和同情，还包括积极关注他人需求、倾听他们的声音以及提供帮助和支持。在班干部培养中，这一品质的重要性体现在多个层面。首先，关心他人有助于建立积极的班级氛围。班干部作为领袖，他们的行为和态度对整个班级产生重大影响。如果他们展现出对同学的关心和支持，班级会更有凝聚力和和谐氛围。这有助于创造一个更加友好和互助的学习环境，使每个学生都感到受到尊重和关心。其次，关心他人对于解决问题和应对挑战至关重要。在学校环境中，学生可能会面临各种问题，包括学术上的困难、个人问题以及情感挫折。班干部如果能够表现出关心和同情，学生更容易向他们寻求帮助和建议。这种支持有助于解决问题，减轻压力，使学生更容易克服困难。

善于聆听是一种至关重要的沟通技巧，它涉及全神贯注地倾听他人的言辞、理解他们的需求和感受，以及做出适当的反应。在班干部培养中，善于聆听的能力至关重要，因为它涵盖了多个方面的重要性。首先，善于聆听有助于建立积极的人际关系。班干部需要与同学、教师和学校工作人员进行有效沟通，了解他们的需求和关切。通过善于聆听，他们能够传达对他人的尊重和重视，从而建立互信的关系。这有助于改善协作关系、减轻紧张情绪，促进积极的人际互动。其次，善于聆听有助于解决问题和应对挑战。在学校环境中会出现各种问题和争议，如学术问题、人际冲突等。班干部如果能够倾听各方的观点和意见，就能更好地理解问题的本质，并提出合适的解决方案，有效解决问题，减少不必要的纠纷。

培养班干部关心他人的品质需要一系列策略和举措，以帮助他们更好地理解同学的需求、强调团队合作和互助，以及建立支持系统，鼓励同学分享问题和需求。首先，提供培训和工作机会，帮助班干部理解同学的需求。学校可以组织培训和工作坊，专门针对班干部，以帮助他们更好地理解同学的需求和情感。这些培训可以包括沟通技巧、情感智商培养、冲突解决方法等方面的内容。通过这些培训，班干部可以学到如何倾听和理解同学的需求，以更好地支持他们。其次，强调团队合作和互助的重要性。在班级中，团队合作和互助是关心他人的关键。学校可以鼓励班干部与同学一起参与团队项目和活动，以培养他们的协作精神。这有助于班干部理解彼此的需求，共同努力解决问题，建立更紧密的联系。最后，讨论如何建立支持系统，鼓励同学分享问题和需求。学校可以设立支持系统，包括学生咨询服务、班级会议和反馈渠道。这些系统可以帮助同学分享问题和需求，并为他们提供支持。班干部可以起到中介的作用，鼓励同学表达他们的关切，并将这些问题传达给学校的决策者。这有助于建立更开放和关心他人的学校文化。

培养班干部善于聆听的品质需要采用一系列策略和方法，以帮助他们发展有效的聆听技巧，强调主动聆听和反馈的重要性，以及建立开放的沟通渠道，鼓励同学分享想法和意见。具体内容如下：

第一，提供聆听技巧和沟通培训。学校可以安排专门的培训课程，引导班干部有效的聆听技巧和沟通方法。这些课程可以包括主动倾听、提问技巧、非语言沟通等内容。通过这些培训，班干部可以学习如何更好地理解他人，提高他们的聆听技巧，以及与同学更有效地进行沟通。

第二，强调主动聆听和反馈的价值。学校可以强调主动聆听和反馈的重要性。班干部需要明白，聆听不仅是被动接收信息，还包括主动提问和确认是否理解正确以及鼓励他们主动提出问题，寻求澄清，以确保他们理解同学的需求。此外，反馈也是关键，班干部需要学会如何提供有建设性的反馈，以帮助同学更好地成长。

第三，讨论如何建立开放的沟通渠道，鼓励学生分享想法和意见。学校可以促进开放的沟通渠道，以便学生可以自由地分享他们的想法和意见。班干部可以通过组织班会、学生座谈会或在线反馈渠道来鼓励同学表达自己的声音。这种开放的交流有助于建立互信关系，使班干部更容易理解同学的需求。

在培养班干部中，关心他人和善于聆听是两个关键要素，它们不仅有助于建立积极的班级氛围，还能提高班干部的领导效能。通过培养这些品质，学校能够塑造具备同理心和有效沟通技巧的领袖，这些领袖将在学校社区中发挥积极作用，创造更加友好、协作和有温暖的环境。最终，培养关心他人和善于聆听的品质不仅使班干部成为更出色的领袖，还有助于培养学生更广泛的社会责任感和同理心。这些品质在学校社区中创造了一种更加友好和支持的氛围，使每个学生都感受到尊重和关心。因此，我们鼓励学校和教育者共同努力，培养这些关键品质，以确保班干部能够更好地履行其领导角色，为学校和社会的发展贡献力量。

建设良好班风

深圳高级中学（集团）北校区　　祁菲

　　写这篇文章之时，朋友笑称我是在写回忆录，虽然很多成功的经验大都以相似的结果展示给新入职教师，但是从来没有人能够在一开始就完美地完成各项工作任务。我们总是在试错中成长，在碰壁后反思，在经历后回顾，而这种经验的积累结合理论的指引，才最能直击内心，给我们方向，帮助我们更好地理解教师的角色，形成自己独特的带班理念。

　　大学毕业的那一年，入职后学校就安排我担任初一（11）班的班主任。与我同时毕业参加工作的其余9位老师中，除了一位任教信息技术的老师，其余8位都与我一起担任了新初一的班主任。

　　记得当时学校非常重视青年教师的发展，给我们每位老师都安排了一个资深的班主任师父，而我也是非常幸运的那一个，我的班主任师父牟姐姐任教我所带的班级，所以在很多班级问题上，我都可以随时请教学习。而从牟姐姐身上，我也真正体会到做老师不做班主任，自己可能永远只是教育问题中的观众。我的十几年班主任生涯中，我的师父一直给我鼓励信任，伴随我职业生涯的不断进步成长。

　　我的第一段班主任经历是陪伴着孩子们走过初中三年。现在回想起来，作为初中起始年级的初一年级，在良好班风的建设方面，实在是太重要了，好的习惯一旦形成，成为被学生广泛认同的应该遵守的规章制度，进而内化为每个学生的行为准则，这种习惯的力量巨大而深刻。从迎接新生的第一天起，我就在小笔记本上梳理了一天的要务：报道签到，安排学生领取书本，安排临时座位，临时班干部，迎接新生班会……

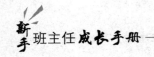

一、开学初的博弈

开学的前一周，我就已经从师父那里获得了班主任秘籍——班级行为规范，量化考核表。

开学第一天

开学第一天，我深吸一口气，稳住自己的紧张，藏住自己的慌乱，尽量不让讲台下的学生看出我是一个新老师，自若地拿着花名册，一个个点名报道，然后指着早已安排好的座位："你坐到第三排中间第二个位置。"

报到登记的过程中，我不停地观察着班上每一个学生，期望从他们的言行举止中得到对他们性格的初步了解。这其中有几个性格外向活泼的男孩子引起了我的注意，于是我安排他们帮助我给大家领取发放书籍。纪律委员也从他们中脱颖而出。事实证明，他们真的是班级的"活跃分子"——好动，顽皮，自律性差，然而也充满了正义感。

而后我召开了第一次班会，鼓励学生毛遂自荐担任班干部工作，并对班级行为规范进行了明确具体的要求。第一天报道结束后，几个女孩子围着我叽叽喳喳问道："老师你多大了呀？""老师你看起来好年轻。""老师你看起来不像新老师哟。"

开学第一天，我对学生的行为习惯，从早晨入校的仪容仪表、服装发型到集会的队列队形，从卫生清扫的时间到每一个卫生工具的摆放，从课前的2分钟准备到课堂的听讲坐姿，再到作业本的大小、名字贴的位置……无一不进行了具体的要求，这也为后来的班级规范管理奠定了良好的基础。然而十几年后回头来看，过于规范化的管理，使得课间楼道里的学生见到我到班级，都会匆忙进入教室坐好等我讲话。由于初次带班，而且年龄与学生较为接近，我采用了比较专制的管理手段，学生在我面前是听话了，可是表面的平和下也隐藏了不少的暗流涌动。

挑战班规

从师父们手中传承而来的班规还是非常严格的，比如里面有一条：晨会和大课间活动做到快、静、齐，如果班级被点名批评，则全班绕操场跑2圈。

可哪个班级都难逃被点名的命运，不是此时，就是彼时。尽管当时每到大课间活动，为了催促学生下楼，我会站在班级门口咚咚地敲击铁门发出巨大声响提醒大家，手中会拿一根班长为我量身打造的"教鞭"来威慑行动缓慢拖沓的学生，但是他们也难逃高标准的体育老师法眼。由于班级几个学生在队列里讲话，经提醒仍未改正，全班同学在课间操后被留在操场。当体育老师点名初一（11）班时，我感觉自己的脸都被丢尽了，一股恨铁不成钢的怒气占据了大脑。于是按照班规，我大声宣布："所有同学留下来，跑步！"

于是，他们顶着九十点的烈日跑步，我带着满腔怒气监督着他们……

"丁零零……"下一节课的预备铃响起，班长催促着大家回班级上课，我也紧跟在学生身后，铁青着脸，直到他们都返回教室，还不忘给他们一个愤怒的眼神。

"神经病呀，又不是我违反纪律，跑得我好累！"就在我要离开教室时，听到有学生极其不满地嘟囔道。后面的发生的事情，大家可想而知。

回顾当时我的做法，按照班规惩罚学生，我错了吗？如果有法不依、执法不严，犯错误的学生是不是会变本加厉，对班级行为规范视若无睹？

其实整件事情我都忽略了非常重要的一点，班规是我一个人制订的，并不代表所有的学生内心都能认同并且愿意遵守。人本主义心理学中最重要的一条观点就是：不同的知觉产生不同的信念，不同的信念产生不同的行为。而班规之所以形成，需要全班同学构建起共同的目标和信念，为了达到这个目标，进而形成集体认同的行为规范，只有认同，才能遵守。

而对于违纪学生的处理，我用了单纯的惩罚手段，却忽视了惩罚只能在一段时间或者一定程度上抑制被惩罚者错误的举动，并不能从根本上杜绝行为的产生。只有采用正向引导，才能从根本上解决问题。

二、师生争端的解决

开学一个月后，我已经熟悉绝大部分学生的性格。孩子们经过一段时间的相处，彼此也熟悉起来，当然，问题也暴露出来了。例如在班主任和管理严格的老师课堂上，学生纪律等各方面表现都比较好，而在一些音乐、美术等课堂上，学生会降低自我要求，我也逐渐收到了老师的一些投诉。当然，很多老师都不会把自己当作教育的旁观者，在他们传授知识的同时，也会从学生的行为习惯、思想道德、情绪心理等多方面去引导，这无疑为我的班主任工作助力不少。但是班主任老师是对班级学生观察了解最全面的，所以有些情况还是该出手时要出手。

语文课堂的纷争

"老师，你快点去班里一下！"班长火急火燎地跑到我办公室。正在备课的我一看时间，现在正在上语文课呀，心想大事不妙，一定是有学生跟老师"杠"上了。

"什么情况？"我一边快步走向班级，一边向班长了解发生的事情。原来是由于林聪（化名）同学的语文作业没有完成，课堂上受到语文老师的批评。

谈话间，我们已经来到语文课堂，怒不可遏的张老师站在林聪身边，林聪倔强地仰着头、咬着嘴唇，眼眶红红地看向张老师的对面。

"林聪，你过来一下。"我叫了他一声，他没有动，我走到跟前拍了拍他的肩膀，扯了一下他的胳膊，"先冷静一下，跟我出来一下。"我把他带到了过道的一个没人角落。

"跟我说说吧，刚才发生什么了？"林聪依旧抿着嘴，斜着脑袋没有看我。

"我听同学说是你作业没有完成，老师批评了你？"我继续问道。

"他那是批评吗？他骂我滚出去，还拿书敲我的头。"林聪用手指着自己的脑袋，激动地说道，红红的眼眶再也没忍住委屈的泪水。说罢，他放下胳膊擦了一下眼泪。

出于对他的了解，老师只要一句话说不对他就会剑拔弩张，更别说是老师敲了他的头。在那之后的两天，我不停地在林聪和张老师之间调停。林聪感觉自己受到了侮辱，在全班同学面前下不来台，张老师感觉自己一番苦心教育学生，却还被误解，没有得到学生的尊重，要求林聪一定要在全班面前跟他道歉。

遇到这样的事情，你们会怎么做呢？

学校不仅是学生学习知识的地方，更是帮助学生完善人格、培养独立性、建立正确三观的地方。而这里，课堂教学、班集体风气、教师个人魅力对学生都会产生莫大的影响。老师对学生的态度会影响学生人格的形成与发展。一个专制的老师可能传递给孩子紧张情绪、攻击性、冷漠的态度；一个放任的老师可能会使孩子无组织无纪律、目标混乱；一个民主的老师可能培养出情绪稳定、自制力强、友好和善、积极向上的学生。教师所肩负的责任也告诉我们，在面对冲突和压力时，自己首先要成为那个情绪稳定而成熟、的成年人，在遇到不良事件时，能够控制事态的发展，又能适时适度地表达自己的想法。

对于学生问题的解决，我想大部分老师都会想到"先跟后带"的方法，接纳孩子的情绪、分析产生的问题、引导孩子对问题进行归因，进而表达期望和想法。

三、斗智斗勇班级小群体

初中学生交往中，同伴交往作为青少年日常生活中的"重要他人"，会对青春期学生社会行为发展构成最直接的影响。良好积极的同伴交往有利于青少年人格特质、社会认知的发展完善。班级是青少年同伴交往的主要场所，学生处于共同的生活学习体中，会以自身兴趣爱好、心理性格、班级任务等自愿自发地形成一些交往圈，进而演化为"小群体""小帮派"。

积极的小团体中，同伴之间会形成以讨论问题、合作学习等相互促进和激励的相处模式，而消极的小团体则更倾向于通过个人喜恶建立联结，同学之间由于缺乏内驱力、自律性，会做出一些违反校纪班规，甚至破坏班级形象的行为。对于此类"小群体"，班主任老师一定要本着平等尊重、纪律约束、正向引导、激励竞争、不断修正这几个大原则，循序渐进地从思想和行为层面进行矫正。如果矫正较为成功，此类"小群体"反而会成为班级积极向上、蓬勃发展的中坚力量。

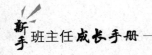

洗剪吹的故事（一）

入学一段时间以后，班级里遇到了各种各样的问题，整体平稳发展，但是一些"小群体""小势力"也在暗流涌动。学校对于学生的仪容仪表要求非常严格，每天都会有德育主任亲自带领学生会的学生在门口迎接师生入校、检查各班学生发型、着装、书背等仪容仪表情况。

周一早读刚开始，我就接到了德育处老师的电话："祁老师，快来校门口领你们班的学生。"我快步来到校门口，看到了这样的场景：王鹏、刘聪、邓明（均为化名）三个人齐刷刷地站在校门口一侧，看我过来，刘聪的眼睛时不时瞟一下我的神情，邓明则是一副天不怕地不怕的"酷拽炫"表情，展示着他那在太阳下泛着幽幽蓝光的新潮发型。王鹏胆子小，规矩地站在他俩的里侧，耷拉个脑袋。我心里暗笑"今天洗剪吹三人组可是聚齐了"。从德育处老师手中领走我班级的三个宝贝，我一边走，一边在心里盘算着我该如何"瓦解"他们的防线。

俗话说，擒贼先擒王，我决定从最出风头的邓明入手。

"你的发型好潮流呀！在哪个理发店做的？快推荐给我，我正好想去染发。"我单独留下了邓明，满脸笑容对他说。

邓明瞪大了眼睛，满脸不可思议又充满了警惕。

"学校让男孩子都留一个小平头发型，是扼杀了你们爱美的天性，你这样呀，很好看，前两天电视上一个韩国男明星就是这样的发型呀。"我继续说道。

"老师，你也看综艺？你也知道××（韩星）？"

见他肯卸下防备与我交流，我就知道事情好办了，我们聊了一些综艺娱乐后，我把话题引入了审美的正题："这个发型是很好看，如果是在校园外，或者等你再长大一些，那就更好了，可我觉得你以前的发型也不错，看起来清爽、阳刚、正气，更能凸显你的浓眉大眼，从你的眼睛里我能看到进步的希望和对知识的渴求……"

谈话进行了大约一个小时的时间，最后，邓明与我约定，今晚回家就会把头发改回原来的黑颜色，并给我推荐了这家新潮的理发店。

第三天，邓明的头发变黑了、变短了，而我的发型也由原来的马尾变成了四六分BOBO头。

"邓明，你觉得我的新发型如何？"早晨过道上，我叫住了邓明。

"老师，不错呀，更能凸显你教师的气质了！"邓明笑着说道。

"对呀，发型服装要与身份相符才好看，我没骗你吧！"我拍了拍他的肩膀说："谢谢你，你也很帅气！"

往后的相处中，由于共同的综艺话题，我和邓明的关系似乎亲近了不少。洗剪吹三人组的仪容仪表也在邓明的影响下，规范了起来。

这件事的处理后，我反思了一下，对于违反校纪校规的学生而言，找准问题才能从根源解决。初中孩子的审美正在逐步建立的过程中，他们希望张扬个性，而平等友好的谈话环境能够帮助他们迅速卸下防备。当孩子感受到自己不是在被指责的环境中，而是某方面得到肯定和认可后，才更愿意敞开心扉。然而学生思想和行为的转变是一个长期的影响过程，班主任老师也不能寄希望于某一次的教育或谈话。

洗剪吹的故事（二）

自从上次之后，邓明对我的态度转变了很多。我知道他是一个仗义到可以为了朋友两肋插刀的性格。当然，在他的影响下，洗剪吹"小群体"其他两人对我的态度也转变了很多。

青春期的男孩子总希望能通过一些出格的举动引起别人的崇拜或注目，他们天生对新奇的事物有很高的关注度。私下里有学生跟我讲，邓明一伙人在学校洗手间里偷偷抽烟，我观察了一段时间也从刘聪的身上闻到过淡淡的烟草味。

小错不改，终成大祸。这天下午放学后，我在办公室批改作业，刘聪火急火燎跑进来："老师老师，你快点到校门口，邓明被小混混堵在校门口。"语文老师听到后，主动要求跟我一起去处理："我陪你过去吧，你一个女孩子，免得遇到危险。"

在刘聪的带领下，我们快速来到了校门外的小店里，邓明坐在奶茶吧台前，周围几个不认识的男孩子围着他，看样子应该是刘聪口中的"小混混"。"邓明!"我和语文老师走进去,"咦?你也在这里吗?这几个是你的朋友?"其中一个"小混混"看到两个老师在场,瞪了一眼邓明,带着他的朋友离开了。

"邓明,我和语文老师送你回家吧。"为了他的安全,当天我们两位老师一起护送。途中我得知了小明被"小混混"盯上的原因:他们是在网吧认识的,经常一起跑去打游戏,后来小明的对方借了一些钱,上网打游戏花掉了不少,这几个人是来追债的。

这次的"围追堵截"着实也吓着了小明,我借此机会对他进一步教育,让他认识到这种种行为背后可能产生的一系列连锁反应。

当遇到一个各方面都表现优异的孩子,我们更多的是喜爱,可当遇到一个"问题孩子",我们更多的是苦恼,但如果能够利用自己的智慧和耐心不断进行正向引导,鼓励转化,当他们变好的那一刻,我们就会感动欣喜和成安慰!

洗剪吹的故事(三)

一年一度的班干部换届选举又到了。

今日的"洗剪吹"组合已经不同于被学生干部抓仪容仪表堵在门口的"小群体",他们的行为也在潜移默化中规范了。在科任老师集体的关爱中,他们摆脱了一直以来萦绕头顶的"差生"命运,邓明居然在一次数学测试中拿到了优秀。借此机会,我鼓励邓明、刘聪、王鹏积极参与班级选举。

"我也可以?"听到我让邓明竞选班干部,他吃惊地张大了嘴巴。

"为什么不可以?你不会对自己没信心吧?在我看来,大部分同学都没有你的管理能力好,上次你的考试成绩已经证明了自己,而且这一年以来的表现,同学们有目共睹,我相信,你讲话在同学们中间还是很有分量的!你试试!"我鼓励邓明。

经过自荐、演讲、竞选、投票环节,最终邓明担任了纪律委员,刘聪和王鹏虽然没有参加竞选,但是他们表示会协助邓明的工作,共同管理好班级的纪律。有了我的"心腹班干"邓明的助力,我在班级管理工作中也轻松了不少。

任何一个"小群体"的存在，都有他的原因，学生能够从群体交往中获得关注、信任和被信任，他们的学习生活因此变得有趣、充满回忆。

洗剪吹的故事（四）

若干年后的某一天，我收到了一条微信，邓明和几个同学邀请我和科任老师小聚。

他现在已经是龙华区公务员队伍的一员，聚会期间，拿着一张"人民日报"的照片自豪地跟我讲："老师，你看，这篇文章是我写的！"

刘聪也开心地告诉我下个月将要在老家结婚的消息。

邓明告诉我，他最感谢的就是老师没有放弃过他们，在他行为偏差最大的时候，及时地给予了他们关注和鼓励。我笑着问道："你不再是当年那个因为发型不合格，被我亲自'操刀'，怀恨在心打电话骂我的邓明啦？"在场的老师和同学都笑了，那笑容，是开心，也是彼此成就和相互成全后的幸福！

一个班级的学习风气离不开每一个同学，不管是成绩较好，还是习惯较差的同学，作为班主任，我们都应当足够重视。在学生成长的过程中，我们要及时给予纠正，在"小群体"发展的过程中及时予以指导，消极的小群体也会转变为积极的小群体，而这种小群体在班级的辐射和影响力也会带给我们惊喜。

第三章

沟通艺术：
努力成为教育助推器

3

第一节　如何说学生才愿意听

千人千面，尊重差异

深圳高级中学（集团）北校区　尹春侠

苏霍姆林斯基曾说："每个孩子都是一个完全特殊、独一无二的世界。"他们在老师的眼里千人千面，各有不同，有不同的性格、不同的能力、不同的情感。有的人成绩好，有的人体育好，有的人擅长绘画，有的人喜欢唱歌⋯⋯他们是多方面多角度的生命个体，因此，教师在与学生的沟通中，不能从单一角度对学生进行评价，要尊重差异，根据学生的不同特点，进行多维度地观察和了解，制定不同的沟通方案。教师进行正面引导，学生易于接受，也利于解决问题。

在与学生沟通前，教师应该提前搜集好学生的相关资料：学生的性格特点、爱好、优势与劣势、心理状态、谈话的主旨等，根据学生自身的特点和需求制定谈话方案。比如，有个学生爱说话，特别喜欢在课堂上抢话，影响了老师上课和学生听课的课堂环境，让老师比较头疼。那么是否要进行打压呢？当然是不可取的。这样的学生表现欲比较强烈，但是自我约束能力又比较弱，如果一味打压，会对学生的积极性甚至是心理方面造成影响。面对这种情况，教师应该创造机会，让他在适当的场合发挥他的优势。于是我推荐他参加学校的辩论会，在满足了学生表现欲的同时，也对他进行正面引导，既肯定了他的口才好，又点破他的这个优点肆意发挥在课堂上是不可取的，同时要求他提升自我约束能力。这样，在他取得巨大成就感的同时，也认识到自己的问题，更明白了老师在教育上对他的用心。再比如，有些学生因为成绩不够理想就产生自卑心理，意志消沉，做什么事情都没有动力，这样的学生在一些唯成绩论的环境中已经形成了严重的偏差认知，认为自己学习不好就处处不好，很难主动去发掘自己的优势，而教师单纯的鼓励或者千篇一律的话术往往起不到真正的激励作用。因此，教师需要深入挖掘学生自身的优点，让这个优点发光发热，产生内驱力，从而激发学生积极向上的态度。曾经有一个学生就陷入这样的苦恼之中，在与其他学生以及他的家长了解情况后，我发现这个学生在音乐领域非常优秀。因此，在学校举办的歌唱比赛活动中，我和他商议，让他负责班级的这次参赛活动，并和他保证不需要在意名次，以减轻他的压力。他开始是犹豫的，但是在多次的沟通后，他决定尝试一下。于是从班级的曲目选择、服装搭配、队伍站位以及排练和指挥等，他全权负责，并对各项工作进行了细致的安排和多次调整。最后，在他的带领下，班级获得了"最佳指挥奖"和"最佳风采奖"。这项活动之后，他像变了一个人一样，站在哪里都是闪着光的，性格开朗了，成绩也逐渐提升了，毕业时还考取了非常棒的一所学校。

当然，教无定法。由于环境、思想、理念以及学生的个体差异等客观条件的不同，沟通的方式、方法也不尽相同。但是，无论怎样改变，教师与学生之间要实现有效沟通，都必须尊重学生的个体差异，从学生的实际出发，才能真正实现沟通的目的和教育的意义。

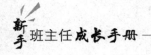
尊重差异，促进沟通

深圳高级中学（集团）北校区　尹春侠

美国教育家爱默生说："教育的秘诀是尊重学生。"席勒说："不尊重别人的人，别人也不会尊重他。"教育者不尊重学生的差异性，不会与学生沟通，他的教育则如同一块石头，没有灵性，只能伤人，这样的教育是失败的。

尊重差异，是教师的基本底线，身为合格的教育者，尊重每一个学生的差异，发现每一个学生的长处并发扬它，是毋庸置疑的。尊重差异为教育带来的成果，体现在每一名学生的身上，尤其是一些特殊学生。我的班级学生小海在幼年时遭遇了一场重大车祸不幸腿部截肢，每天不得不拄着拐杖艰难行动，还要忍受周围同学异样的目光。当我第一次遇见小海时，他不爱说话，总是安静地坐在窗边，同学们总是热情地去帮助他，可他总是不开心，我知道他缺乏的不是生活上的帮助，而是心灵的尊重，尊重他的差异，尊重他的与众不同。

我知道正是因为他身体的残缺使他的内心世界牢牢封锁。可当我看到他圆圆的眼睛里依旧充满对生活的渴望时，我便下定决心要让这个小男孩儿的脸庞重新充满快乐与希望。小海常常自己一个人躲在角落里，不愿意让任何人靠近，就像是一个受伤的小兽独自舔舐伤口。为了让他振作起来，学习之余我就经常带着小海去教室外面感受阳光和微风，帮助他结交新的伙伴，交给他一些力所能及的任务，融入新的集体，感受新鲜的、从未经历过的崭新生活。我对小海说："我知道你的身体和其他同学有所差异，但你不能因此而自怨自艾，去抱怨命运的不公，从而每天在煎熬中度过，在孤独中成长。

你要为自己努力，要懂得发现生活的快乐与美好，去迎接明天，去感受生活，因为能改变你的现状和未来的人，只有你自己"。也正是那天，我看见了小海眼中流露出的光彩，那是一个孩子本该拥有的青春色彩，它迟到了太多年，但所幸的是它没有缺席。我能清楚地感受到小海从那天起的变化，开始慢慢与身边的人交流，拿出比平常还要刻苦的劲头学习。我也在他的脸上看见了久违的笑容，我清楚地知道这个小小的身躯蕴含着无比强大的力量，即将在希望与期待中奋力一搏。

尊重差异，是让教师看到孩子们身上美丽的闪光点，同时尊重孩子们身上不同的缺点，通过沟通引导的方式，让孩子们转变心态，将缺点逐渐转变为优点，成为更好的自己。这就是教师的任务，也是教师的职责。"我要成为一名最出色的医生。"这是后来小海在作文中写过的一句话，当我问他为什么有这样的愿望时，小海的回答不禁让我泪流满面，"我希望人们都可以健康地活在这个世上，远离苦难与病痛，我不想再有人将我的遭遇重蹈覆辙，因为只有我知道这样的生活到底有多煎熬"。这或许是一个孩子最美好的愿望，承载着自己不甘的人生，将不公化作动力，将苦难变为鲜花回报给世人。正如泰戈尔所说"世界以痛吻我，我却报之以歌"。而也就是那天，我才真切地发现，尊重差异不仅能给孩子带来成就感，还能拯救一个孩子的心。

每个人都是不完美的，都是有"缺憾"的，但也正是因为这些"不完美"和"缺憾"，才使这个世界更加真实而生动，世界因差异美丽，人生因差异而丰富。我们必须要尊重差异，鼓励差异。正如大雁划破长空，却在天空中留下振翅的余音，冷清的蓝色才因此拥有了生命的活力；正如月有阴晴圆缺，圆亦有它的无暇与寓意，而那弯弯月牙才留给人们无限遐想和未满的美意；正如鸟啼蝉鸣虽时而聒噪，但还给了自然以生机，为恬静的田野增添了几分天籁。世间皆如此，人亦是，维纳斯虽美，但却断了两只手臂，我们无法追求极致的完美，因为缺陷与完美本就是共生体，所以无论是特殊的孩子还是特殊的教育，都可以将缺陷变为完美。正因如此，我们才要尊重学生之间的差异，将优点做到长足进步，将缺点做到修缮改正。我们的学生都是

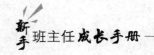
生活在这世上的小小天使，而正是因为他们的独一无二，世界才因此美丽多姿。尊重学生的差异，就是尊重自我，就是让孩子们不要被那些无谓的规则束缚，挣脱世界上的偏见，活出不一样的精彩。

由爱出发，走近学生

深圳高级中学（集团）北校区　刘婷婷

高尔基说："只有爱孩子的人，他才可以教育孩子"。苏霍姆林斯基也说过："没有爱，就没有教育。"爱是教育的灵魂，爱是教育的阶梯，爱更是老师与学生之间沟通的桥梁。没有爱的教育，如同鱼儿没有水，鸟儿没有翅膀。

由爱出发，真心育人，才能触动学生的内心，获得学生的认可，打开学生的心扉，才能真正地走近学生。师爱是学生信任的奠基石，教师的爱心就是成功教育的原动力。班级里的小智原本是个听话的孩子，可是近期突然变了，上课不认真听讲，总是插话、和老师唱反调、不交作业，甚至有一次还和同学起了冲突动了手……这让很多教师头疼不已。面对孩子的突然转变，我主动找到小智的母亲了解情况，通过交谈才发现，原来是他的家中刚刚出生了一个小弟弟，家人的目光都围绕着弟弟，小智觉得自己不受重视，所以孩子心中感觉到委屈和不公，因此他的行为才有了这么大的转变。于是我每次上课的时候都偷偷地关注他，给他机会回答问题，给他机会帮我布置作业等等。我希望可以通过自己对他的关注和关心来弥补他在家庭中的暂时的关注缺失，我还经常把他叫到办公室里谈心，关心他的心理健康，慢慢引导他、开导他，同时和他的家长联系，让小智的父母在关心新生儿的同时也要给予小智足够的关心和尊重。有一次，我把他叫到我的办公室和他分享我的想法："一位小生命的到来是上天送来的礼物，他是来为你创造爱的，而不是分享父母爱的。虽然现在的弟弟太小了，还不能够离开爸爸妈妈的关注，就像是刚刚破壳的小鸡一样，需要细心关注，但是等弟弟过一段时间长大了，他就会像一只'小跟屁虫'一样跟在你的身边，弟弟会陪着你玩，陪着你笑，听你的话，把你当作他的小英雄。慢慢你就会习惯弟弟的存在，未来很多风景和他一起看，你们会越来越开心和幸福！"他认真地听着，含着泪似懂非懂地点了点头。在我和父母充足的关心和关爱之下，小智的状态变得越来越好，不仅上课认真听讲，成绩也有了很大的进步。我还听小智的父母说，小智对自己的弟弟也没有过去那么大的敌意了，甚至会主动接近弟弟，轻轻触摸弟弟的脸庞，对弟弟越来越爱。

由爱出发，就是要求教师用爱心、耐心和慧心来面对自己的教育工作，让学生在教师的爱和关注中健康成长。教师，是行走在教育的大路上，播散知识的修行者。教师如冬日里的暖阳，让人在无助时感到温暖；教师如沙漠里的泉水，让人在失意时看到希望；教师如飘荡在夜空的歌谣，让人在孤寂时获得慰藉。

每一个孩子都如同肆意生长的小树，而我们教师的任务就是用爱修剪枝丫，用爱启迪成长，让他们朝着正确的方向不断生长。教育不是一蹴而就的，一朝一夕也不能成就一个孩子，而是需要我们教师以爱为本，由爱出发，鼓励发扬孩子们的长处，也要看见孩子们的缺点引导修整，并及时给予关注和鼓励。教育是一场修行，要怀着爱生之心，看到孩子们的每一个转变。不积跬步无以至千里，万千的小步累积，就会是孩子们健康成长的一大步。著名瑞士教育家说过这样一段话："从早到晚我一直生活在他们中间，我的手牵着他们的手，我的眼睛注视他们的眼睛，我随他们流泪而流泪，我随他们微笑而微笑，美好的人生是为爱所唤起的。"教育之路上，教师不仅要有一腔热情，更重要的是拥有对孩子们的包容、理解、耐心和关爱，不断学习，持续热爱，照顾好我们每一棵"小树"，由爱出发，走近学生，倾尽芳华，绿树成荫。

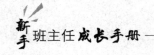

平等对话，碰撞心灵

深圳高级中学（集团）北校区　尹春侠

　　与学生平等对话，既是尊重学生，其实也是在尊重自己，只有在平等对话的基础上，我们才能打开学生的心灵，引导学生走向正确的道路。

　　什么是平等对话？就是在与学生教授知识和沟通交流的过程中，既不使用暴力手段教育，也不给予学生过度的偏爱，而是以亲切的态度和学生处在平等的位置，把学生看作是可以独立思考的个体。教育不是灌输思想，而是在平等对话的基础上点燃火焰。身为教师的我们要尊重学生说话的权利，要有倾听学生的耳朵。学习是学生主动参与才能成功的事情，只有在平等对话、尊重心灵的基础上，我们的教育才能真正为学生所接受。了解学生心之所想，梦之所系，只有这样才能找到与学生沟通交流的突破口，建立坚实的师生信任感，促进良好师生关系的发展。

　　为了和学生们站在平等的位置上沟通，更了解学生，也让学生更了解我，我的班级有一个传统：每学期师生写信交流一次。七年级的时候我提议让孩子们给我写建议信，我统一在黑板上写下孩子的建议，逐条和同学们商量。当时有说老师布置作业太多的，也有说布置作业太少的，这样就很矛盾，我们就展开讨论，根据学情弹性化布置作业。还有的说喜欢我严肃点儿，可以更好地管住同学，还有的说老师要多笑笑，课堂气氛才会好，这又是矛盾，我们就再讨论，定下来学习时一丝不苟，休息时其乐融融。这些建议我认为十分有意义，自从和同学们共同交流和沟通后，我自己也成长了不少，课堂氛围也更好了。其中，有一封信让我印象十分深刻。

致老师的一封信

亲爱的老师好：

您是一位普通得不能再普通的教师，我是您的学生，每次我做错事，您都会非常生气，甚至不想管我，想放弃我，但是您最后还是没有放弃我，为我加油，助威。我是您的学生，但是您有时候真的对我很严厉，让我觉得您真是我的仇人！可您之后的关怀，对我又像是一道充满希望的光束！

今日我向您道歉，因为您管教我，我心中由此产生对您的怨恨，还在您的背后说您的坏话！我知道错了，我知道您是为了我好，请您原谅我之前在您的背后说您的坏话的行为，希望您再给我一次机会！老师，请把我之前所做的一切统统忘掉，让我在接下来的时光里创造一个传奇。

您的学生：小俊同学

2022年11月9日

我也给他回了一封信。

回小俊同学的信

亲爱的小俊同学：

老师根本不愿与你成为"仇人"，我是一名教你的老师，但我更愿意成为你的朋友，我很高兴你能给我写这样一封信来诚实地坦白你的心。如果我不是人民教师，我完全没有必要批评你、得罪你。虽说一切都是为了你好，但老师也会更好地注意自己的方式方法。希望我们能相互理解，希望你能理解老师的"恨铁不成钢"。你长大以后会知道，有人在你人生路上不断地鞭策，对你是何等珍贵！每一个老师都是你的贵人，做好你应该做的，努力进取才是你成功的砝码！

老师也相信你可以学得更好，走得更远，飞得更高！所以，自己不能放弃！

在接下来的岁月里，做最好的自己，有问题和老师随时沟通，让老师看到你的进步和积极向上的态度！加油！

爱你的老师

2022年11月10日

一封封信，让我对我的每个学生更加了解，也让学生对我更加亲切，在平等对话的基础上，实现了与学生间心灵的碰撞和沟通。人与人交往的前提就是真诚地对话，平等地对话。所以我们身为教师在与学生对话时，一定要具有平等意识，这样才能如春风化雨，有利于教师走进学生的心灵，打开他们的心扉，体会学生的感受，遵循学生生命发展的规律，踏准学生生命的节拍，引发学生创造的灵感和冲动。

陶行知的那句"捧着一颗心来，不带半根草去"是很多教师的座右铭，也是平等对话所要求的基础——信任和尊重。在教育的道路上，我们始终要坚持对待学生耐心，在与学生相处的过程中以尊重和真诚去打开每个学生的心门，守护孩子们的心灵，保护孩子们的健康，传道授业解惑。这些责任都如同春风化雨一般，滋润着我的心，也让我对教育的决心深深扎根，枝繁叶茂。我也希望自己在和学生平等对话的基础上，把学生当作自己的朋友，让学生在教育的蓝天下，能够尽情飞舞。

及时肯定，提升自信

深圳高级中学（集团）北校区　刘婷婷

萧伯纳说："有自信心的人，可以化渺小为伟大，化平庸为神奇。"还有一句名言这样说："在真实的生命里，每桩伟业都由信心开始，并由信心跨出第一步。"自信的话题贯穿古今中外，足可见其对人生的重要性。身为教书育人的教师，如果不能够通过自己的教育提升学生自信，那样的教育终究是失败的。

提升学生自信，就是为学生未来走向成功奠基。只有真正有自信的学生才能勇于拼搏、敢于创新；只有真正有自信的学生才敢于将自己的才华展现。多少伟人都离不开自信，李白仰天长啸："长风破浪会有时，直挂云帆济沧海！"毛主席胸有成竹："自信人生二百年，会当击流三千里！"曾国藩豪气冲天："直将云梦吞如芥，不信君山铲不平！"杜甫激情难却："会当凌绝顶，一览众山小！"自信的培养是从一点一滴开始的，是从一字一句的肯定中成长起来的。而培养学生自信的任务，就落在了我们每一个教师的肩上。

我的班级中的小华原本是个学习努力、遵守纪律的孩子，成绩也是拔尖的，一直努力向上，也很开朗活泼，很受老师和同学们的喜欢。可最近一段时间他却有了很大的变化，不仅整天昏昏沉沉的，上课也心不在焉，一下课就是趴在桌子上睡觉，看起来很累的样子。他的精力完全不在学习上，学习成绩直接成倒数了，这让我们老师都很迷惑。为此，我特意主动叫了他到办公室来谈心。看到他紧张局促的样子，我心里知道他应该是知道自己最近的表现不太好。"最近你的变化很大呀，各科老师都跟我反映了，这次考试成绩也下降了不少。"小华听到我这样说，也羞愧地低下了头。"可以和老师说说是什么原因吗？"小华抬头看看我，我也微笑地肯定他："有什么事情我们一起沟通处理，放心地说吧。"小华这才鼓起勇气："就是因为我最近迷上了一款游戏，每天晚上都背着爸爸妈妈偷偷玩到凌晨三四点，白天脑子也都是那个游戏，就没有精力去学习，上课总是困"。这下可让我找到病灶了，我的心中也仿佛有底了。"游戏是虚拟的，只能带给你暂时的快乐，但生活却是真实的，看看自己日益下降的成绩和老师们失望的眼神，你快乐吗？"听到我这样说，小华的眼中泛起了泪水。接着我对他说："虽然你最近表现不是很好，但并不能否定你曾经的优秀，想起来你的那些奖状都是我亲手将你的名字写上去的，老师一直都为你骄傲！"听到这里小华彻底哭了："老师，我知道错了，我还以为老师们都放弃我了，因此越来越自卑，也越来越沉迷游戏。以后我要改正，再也不沉迷游戏了！"我用赞赏的眼神看着他，对他说："老师相信你，这一次只是暂时的迷失，人非圣贤，孰能无过，老师相信你未来一定会比过去还要优秀，你绝对有这个实力！"听到我的肯定，小华也开心地笑了，也更加自信了。我还和小华的家长联系说明情况，同时邀请家长一起来监督小华的生活和学习，就这样，在我不断关

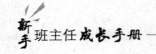

注、提问、引导、鼓励下，小华彻底戒掉了游戏瘾，在半年间学习有了很大的进步，甚至对各科的学习态度都认真了不少。小华的家长还为此特意感谢过我，后来我也用这个方法，改变了很多学生。我想这就是肯定的力量，这就是自信的魔力。

自信是智慧的源泉，是成功的基础。学生的自信是教师给的。"天生我材必有用"，每一个学生都有长处，每一个学生都值得教师的鼓励和关注。教师的及时肯定，可以提升学生的自信，在我们的正向激励中，学生终将会感受到教师的真心，给予我们正向的回馈。要想学生能够健康成长，就要遵循学生发展的自然规律，给予每一个学生肯定，让学生在自信的状态下成长，让他们有勇气在未来这个复杂多变的社会里，勇敢找寻无限可能，勇敢追求自己的明天。

先扬后抑，事半功倍

深圳高级中学（集团）北校区　尹春侠

美国社会活动家马丁·路德·金说过这样一句话："教育是光明的火炬，它照亮了前进的道路。"这句话深深地触动了我，我开始思考，作为一名教师，我们应该如何运用合理的方式去点亮教育的火炬？在我看来，先扬后抑的方式是值得我们提倡的。

在教学实践中，我发现先扬后抑能够很好地发挥正面作用。先扬后抑的教育法是一种能够激励学生的教育方法。我们首先要找到学生的优点和长处，通过表扬和鼓励来激发他们的学习兴趣和自信心，然后再经过指导或批评的方式促进他们的健康成长。我的学生小明在英语口语方面表现十分突出，他对自己的英语口语也非常自信。于是，学校和班级如果有什么有关的活动，我都会让小明参加，让小明充分发挥他的长处能够。小明也不负众望，为我们班级拿下了不少的奖项。这些都让他自豪感倍增。

可后来我发现，小明光顾着自己的口语进步，忽略了其他课程的学习，尤其是历史课，被很多身边的同学超越他却还不自知。为了小明整体的长足进步，我在课上对他的历史学习进行了一次彻底的考查，相比较其他人的鼓励支持和引导，对于小明的情况我并未留情，而是当着所有同学的面批评他历史学习的缺点，让他初步认识到了自己的不足，同时，我找他到办公室谈心："老师看到了你的闪光之处，可老师希望你的优秀不只在口语上，历史科目的学习同样重要，相信你的历史也可以和口语一样好！老师相信你有这样的能力！"小明听了我的话很感动，学习态度端正了不少。但是因为他的历史底子差，小明总是会在学习历史的时候犯一些基础性的错误，比如说搞不清历史事件发生的时间年份、弄不清历史事件的主角等，小明也找不到合适的学习方法，学习成绩一直没有进步，为此他也很沮丧。我发现这一点之后，立即协助他做了一份笔记，上面有详细的历史大事时间和主要人物，只要记住了笔记，他的问题也就迎刃而解了。

因为我的关注和关心，小明学习的劲头更足了，很快他的骄傲自满不见了，取而代之的是过去的那个谦逊爱学的他。通过先扬后抑的教育方法，我发现我的学生变得更加自信和勇敢地去尝试新的事物。他们不再畏惧挫折和失败，而是更加积极地去迎接挑战。我们需要关注学生的不足之处，并且提出具体的改进建议。这不只是我一个人的感受，我也得到了家长的反馈，他们的孩子变得更加开朗、自信和乐观了。这样的反馈让我感到非常欣慰，也更加坚定了我坚持使用这种教育方法的信念。

当然，使用先扬后抑的教育方法并不是一件容易的事情。在教学过程中，我们需要更加细心、耐心地观察每一个学生的表现，准确地察觉每一个学生的优点和不足。我们需要根据学生的不同情况采用不同的教育方法。对于一些缺乏自信或者自我认知偏低的学生，我们需要更多地给予鼓励和肯定；而对于一些自我意识过强的学生，我们需要更多地给予指导和帮助，让他们逐步认识到自己的不足之处。

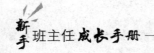

教育不仅是传递知识，更是传递价值观。作为一名教师，我们需要不断地学习和探索，不断地提高自己的教育水平和能力。我们需要用自己的实际行动，去影响和引导我们的学生，让我们举起光明的火炬，去点亮学生的前进之路，带领他们走向更加美好的未来。

借用提问，激发动力

深圳高级中学（集团）北校区　刘婷婷

"教育的本质是探究，而非填鸭式的传授。"这是著名教育家阿尔弗雷德·诺思·怀特海的名言。身为教师，我们的使命不仅是传授知识，更重要的是激发学生的好奇心和求知欲，让他们成为探究问题的人，而不是被动地接受答案。

借用提问可以激发动力。在这个信息爆炸的时代，学生的知识获取渠道非常广泛，但他们的学习兴趣和动力却随之下降。作为教师，我们需要在课堂上引导学生，让他们自主提问，探索问题的本质，培养他们的学习兴趣和动力。只有这样才能让学生更深入地理解知识，掌握学习方法，培养创新精神和实践能力。

我的班级中有一个学生叫小勇，小勇在学习上一直表现平平，成绩也不太理想。他的性格有些内向，不太善于表达自己的想法，也不太喜欢提问。在课堂上，他总是默默地听讲，很少发表自己的看法，老师提问的时候也很少见他举手。有一次，我在课堂上提出了一个问题，环顾四周举手的学生后，我发现小勇又没有举手，但是我还是主动地叫了他。听到被我提问，小勇好像吓了一跳，慢悠悠地站起来后磕磕绊绊地回答了问题。虽然他的回答并不完全正确，但我肯定了他，对他说："小勇，你今天的表现非常不错，你突破了你自己的心，这将是你前进的一大步！"他听到我这么说，开心地笑了。后来我还是经常提问他，从一开始我主动找他回答问题，到后面他主动举手回答，小勇的改变我都看在眼里，开心在心里。后来我对他说："真正好的学习不是老师追着你提问，而是你自己要主动发现问题、探究问题、提问问题，以此来激发学习的动力，这才是真正的学习。"小勇听了之后，认真地点了点头。之后的学习中，我减少了主动提问小勇，不是因为我不重视他了，而是小勇已经悄然改变。如今的他已经学会了主动提问、主动学习，在潜移默化中将学习当成了一件值得思考和探究的事情，发现了学习的快乐。从那以后，小勇在学习上变得积极主动，他主动参与课堂讨论，主动学习和探究，并有针对性地提出自己的想法和问题。最终，他在学习上取得了明显的进步，性格也开朗自信了不少。这个案例告诉我们，激发学生的提问和探究热情是非常重要的，小勇前后的转变就是证明。学生在探究中不断思考，不断提问，不断探索，才能真正地理解知识，掌握学习方法。这种学习方式可以帮助学生更好地理解知识，提高学习兴趣，为将来掌握更高层次的知识和技能打下坚实的基础。

作为教师，我们需要激发学生的提问和探究热情，让他们成为学习的主人。我们可以通过多种方式来实现这个目标。首先，我们可以引导学生提出问题，并鼓励他们探索答案。其次，我们可以通过实验和讨论等方式，让学生主动参与课堂，激发他们的兴趣和动力。最后，我们可以通过答疑和辅导等方式，帮助学生解决问题，让他们感受到学习的成就感，从而更加愿意学习和探究。在教学过程中，我们还要注重培养学生的创新思维和实践能力，让他们在不断探究中提高自己的能力和素质。

教育是一项光荣的事业，教师是一种光荣的职业。作为教师，需要用心去教育每一个孩子，唤醒他们内心的求知欲和好奇心，让他们成为未来的探索者和创新者。最后，让我们一起激发学生的提问和探究热情，点燃学生内心的火苗，让他们成为学习的主人，成为国家未来的希望。

耐心倾听，静待花开

深圳高级中学（集团）北校区　尹春侠

　　伏尔泰说："耳朵是通向心灵的路。"艾默生也说："所谓的'耳聪'，也就是'倾听'的意思。"简单朴素的话语中，却包含深刻的哲理。作为教师的我深深认同，只有耐心倾听学生意见的教师，才能真正了解学生的心灵，打开学生的心扉，才能等待花开满园的那一天。

　　在当今这个快速发展的社会，我们很容易迷失方向，被各种信息碎片所淹没，甚至很多人都迷失了自我内心的沉静，变得心急如焚，有时为了突出结果，而忽略了过程和细节。身为教师的我们，更要在这喧闹中取静，学会停下脚步，欣赏身边的风景，倾听学生的心声，才会发现很多珍贵的东西。

　　我常常告诉学生，历史不仅是一门学科，更是了解人性、了解世界的途径。而如何让他们感受到历史的魅力，理解到历史知识的实际意义，就要从耐心倾听他们的疑惑，并为他们解答疑惑入手。有一次，在我上一节课结束后，一个平时很文静的女孩子留下来问我："为什么过去封建社会女人的地位那么低下，都是男人的天下，难怪没有杰出的女性，女性太可悲了！"我深深感受到她的困惑和悲伤，我告诉她："虽然古代女性受到封建传统的压迫，确实很多时候地位不高，但也存在着一些杰出的女性，为她们的时代做出了不可磨灭的贡献，并推陈出新，推动人类向前发展。过去的女性也有着美好的生活和向往，不要把一切想得那么悲观。瘦金体是明清时期的一种比较流行的字体，由于女性小时候被约束得较多，她们比男性更注重练字，很多女性书法家都有着很高的书法水平，而且不少人能画一手精美绝伦的花鸟画。还有很多女性在诗词歌赋方面都有很大的建树。"这个时候她突然眼睛一亮，对我说："对！我最喜欢的诗人就是李清照！她的词婉约动人，耐人寻味！"说着就背起了李清照的诗歌："昨夜雨疏风骤，浓睡不消残酒。试问卷帘人，却道海棠依旧。知否，知否？应是绿肥红瘦。李清照的诗词，多美啊！就像是一幅动人的画，让我看到了生命的鲜艳！"听到她这样说，我的内心也很快乐。因为我在她的脸上看到了一丝微笑和了然，我知道因为我耐心倾听了她的疑惑，也因为我的倾听和及时回复，她内心更加清楚明了。她也逐渐发现了古代女性历史之美。后来我还给她看了一些古代女性的范文和画作，带着她一起欣赏和学习，让她感受历史的魅力和美好，她的眼睛里流露出了对历史的浓厚兴趣。我到现在还记得她说的那一句话："谢谢老师您的解答，我以为您不会在乎我这样激进的问题，是您的耐心倾听和解答，让我看到了世界的美好！"每一个学生都需要有一位倾听者来陪伴他们，给他们指引的方向，有时甚至只需一个耳朵倾听他们的心声，即可萌发他们的兴趣爱好。

当我们听到了学生的心声，要重视并及时给予帮助和反馈。在我看来，一个优秀的教师对待学生就应该具备水滴石穿般的耐心，用心倾听，以耐心为底色，给予学生更多的空间和信任。教师对于学生而言，要成为打开对方心扉的那把钥匙，才能走进他的世界，走进你想要的世界。因此，耐心倾听，不仅在于照顾他们的情感需要，还在于倾听他们的意见和疑惑，引导他们慢慢成长为乐知好学、勇于探索的人。让我们耐心倾听，静待花开。

第二节 沟通形成教师团队合力

众人拾柴，凝心聚力

深圳高级中学（集团）北校区 刘婷婷

众人拾柴火焰高，这是我们耳熟能详的一句谚语，从中可以看出团队合作的力量，集体智慧促进共同发展。作为一名教师，团队合作有助于我们更好地推进学生发展，培养出更多对社会有价值的人才。

在我们的团队合作中经常会用到一种方式就是学科整合，将不同学科中相关的概念和知识点连接起来，通过设置横向主题进行全面、有序地学习。这种整合方法可以帮助学生理解并应用知识，更好地促进学生的发展和创新。以往，我常常依据教科书内容教授学生，而我也总是感到疑惑，为什么学生听课后效果时好时坏？是不是我不够努力，或者是教学方法出现了问题？可后来我才发现，要想提高学生们的水平，光靠一人之力往往是不够的。

有了团队作战的想法后，我和班级的语文老师合作了起来，我们合作教授文学理论课程。这门课程涉及文学历史、文学作品等方面的内容。一个人从不会到会，是一个孤独的过程，也是一个锻炼的过程，而一个团队从不会到会的过程，却是伴随着和谐高效的氛围的。我们定期地集训，做出共同的计划，并且每节课结束之后都会评估收到的成效，并编辑教材，我们所做的这些都有效地促进了学生的整体成长。在这个过程中，有个学生问我："老师，我一直觉得我的历史论述比同龄人较弱，我该如何提高它？"面对这个问题，我有些无措，这不是我擅长的领域。还好我身边的语文老师给出了答案："广泛阅读优质的书籍，沉淀下自己的心境，写作要有结构，更重要的是举事实、讲道理，将事件讲解清楚。"学生听到这样的回答，也受到了启发，尽管这个学生需要更多的努力，但最终他成功地完成了他的写作课程，从而提高了整体的写作能力。

在团队合作之下，我们整合了语文和历史的知识，学生可以更好地理解和运用这些知识，并进一步提高他们的学习成绩。在这门文学理论课程中，我们确保学生能够参与到学习中来，掌握必要的理论基础。同时，我们向学生介绍文学作品、历史文化等方面的内容，使学生更好地理解文学作品的背景和情境，从而加深对文学作品的理解和欣赏。我们总是鼓励学生思考，探讨不同的思想和观点，发挥学生的创造力和想象力。在这个过程中，我与这位语文老师的合作是非常成功的。我们不断沟通，及时汇报每天的工作情况，整合资源和经验，最终成功地实现了学生的全面发展。

在我们的班级里，只有教师相互合作、无悔付出，才能推进学生的健康成长。我们通过分享经验和知识，共同营造了一个协作、沟通和支持的环境。正如我们一直说的："和学生一起成长，和同事一起成长，和学校一起成长，需要通过教师团队的努力和协作达成。"未来，我们的教师团队应该深入贯彻这种合作精神，继续加强协作和沟通，互相学习和影响，为学生提供更好的教育。只有这样，我们才能实现"众人拾柴"这句古语的深刻含义，凝心聚力，让团队学习成长的火焰更加激扬！

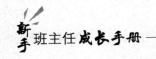

以身作则，以身立教

深圳高级中学（集团）北校区　尹春侠

"言传不如身教""身体力行是做好教师的前提。"孔子也曾说："身先士卒，勇往直前。"这些话充分体现了"以身作则，以身立教"这一思想。作为一名教师，我们有着重要的责任和使命，不仅要教导学生课本知识，更要在思想、行为上给予他们正确引导，并用自身的行动影响、激发学生的内在动力。

"以身作则，以身立教"会带给我们更深的教育启示。要成为一个优秀的教育者，首先要注重自身的素质和修养。只有当我们具备了高尚的品德、良好的心态和积极向上的精神面貌，才能更好地影响和教育学生，才能真正实现以身作则和以身立教，成为理论与实践相统一的合格教育者。

如果一个老师能够言传身教，孜孜不倦地用自己的行动推动学生更好地发展，那么他就会成为学生心目中的榜样。如果一个老师只说不做，言行不一致，就很难获得学生的尊敬和信赖。说到以身作则、以身立教，让我想起了自己的一次经历。曾经在我的班级里，我发现有很多学生都很排斥跑操，不仅经常迟到，有的同学在跑操时间偷偷躲在卫生间里不出来，还有的学生藏在教室里，在他们眼里，运动俨然成了洪水猛兽。

要知道，身体是革命的本钱，好的身体素质才是一切的根本。为了改变学生对运动的排斥，我不仅在课上的时候向同学科普运动的好处，还在每次课间跑操的时候都准时在操场等待并督促学生一起跑操，风雨无阻。或许是我坚持的精神和积极的态度感染了学生们，学生逐渐有了些变化，逃操的变少了，学生的运动积极性也增强了，我看在眼里更加劲头十足。

为了让学生热爱运动、享受运动，我还编了两个口号，"运动不只是健身，更是享受生命！""今天的汗水，明日的光芒！"并让学生在跑步的时候喊出口号。在学生异口同声的呐喊中，我们班级的运动气势越来越强，同学们的身体仿佛都被注入了一股力量，我的身体也仿佛被注入了一股力量，我们都朝着美好的前方跑步奋进！我想，正是因为身为教师的我以身作则、以身立教，学生们才能有这种巨大改变。

这个故事给了我很多深刻的启示。教师的以身作则、以身立教对于学生的影响是巨大的。为了养成良好的运动习惯，教师必须通过思考改进自身，在提升自我的同时，积极的态度和精神也能感染学生、带动学生。以身作则，以身立教，要求我们不仅要传授知识和启迪思想，更是要用自己的言行来达到教育的目的。教育工作者应该用自己的行动引领学生，唯有如此，我们才能够建立一个良性循环的教育环境，为学生的人生道路打下扎实的基础。

总而言之，作为教育者，我们需要在学校里用丰富的知识和技能来影响学生，用自己的榜样力量感化学生，帮助他们健康成长。只有这样，我们才能成为青年学子理想的导师和引路人，才能真正做到"以身作则，以身立教"。

团队合作，优势互补

深圳高级中学（集团）北校区 刘婷婷

俗语说："单丝不成线，独木不成林。""众人拾柴火焰高。"这些话深刻地表达了团队合作的力量。无论是在企业、组织，还是学校教育中，团队合作都是不可或缺的。

团队合作是教育的一柄利刃。不同的教师团队成员拥有不同的教育背景、专业技能和生活经验，每个人都可以在教育工作中发挥自己的优势，帮助学生获得更全面和综合的知识。同时，相互协调和整合有助于提升学校教育水平，提高学生的学习成绩，让学生更好地适应未来的发展。

以下是来自我教育生涯的一个真实案例。我的学生小鹏是我们班级中一个聪明乐观且很有才华的学生，但是却有着偏科的问题。他的弱势在于英语学科，无论他怎么用心努力，英语成绩始终没有及格过。他对于英语学科也渐渐丧失了自信心和学习的动力。对此小鹏主动找到了他的英语教师，表达自己的困惑和无助。看着沮丧的小鹏，英语老师也很着急。

听到小鹏的这个情况，班主任和英语老师自发组成了一个小队，他们还邀请了小鹏的语文老师进入了小团队，为小鹏制订了一份适合小鹏个人情况的学习计划。语文老师亲身示范阅读的窍门，并且推荐小鹏阅读著名的外国书籍；班主任老师帮助小鹏克服焦虑情绪，增强自信心，让他重新找到学习英语的动力；英语老师从基础单词再到语法的运用，一步一步地帮助小鹏理解英语学科知识点。随着三位老师不懈的努力，小鹏逐渐激发了对英语学科的兴趣，重拾了英语学习的信心，掌握了英语学习的方法。现在的他不仅定期听英语广播，还经常"做客"英语角积极训练口语技巧，写作水平也提高了不少。

小鹏的改变就是教师团队合力的善果。当学生遇到学习瓶颈的时候，很容易陷入自我怀疑和颓败的情绪之中，这个时候教师的作用就要及时凸显，因材施教，帮助学生及时走出瓶颈。如果一个教师很难实现成功，就可以寻求其他教师的帮助，形成团队合作，每个团队成员都应该有自己的角色和任务，要清晰地分工合作，充分发挥各自的专业技能和优势，实现优势互补。一个团队要取得成功，并不是靠个人的能力，而是靠合作和团队精神。

一滴水只有放进大海里才永远不会干涸，一个人只有当他把自己和集体事业融合在一起的时候才能最有力量。教师团队合作优势互补，可以为学校教育提供重要的帮助。由于各科之间的学习内容有所联系，如果在教学中能够互相借鉴和取长补短，就可以让学生的学习变得更加丰富多彩，才能实现学生的全面发展和教育质量及效率的提升。

以生为本，冷静沟通

深圳高级中学（集团）北校区　尹春侠

有一句话这样说："师生之间心与心的交会之处是爱的圣地。"而教师要做到与学生心心相印，就要坚持以生为本，坚持教育初心，尊重学生，将学生的一切放在心上，促进学生全面健康地发展。作为一名教师，我们与学生相处的第一要义就是以生为本，如果不能做到如此，那这样的教育就是失败的教育。

以生为本是教育的核心价值，我们应该关注和尊重每一个学生的个体需求，并帮助他们形成健康的思想和观念。教育不仅是知识的传递，更是引导学生探索自我和变得更好的过程。教师要注重以生为本，这是基于人性的一种教育理念。要成为一名好的教师，除了要具备扎实的教学素质和知识背景外，更需要有人文情怀和精神追求。在这里我想分享一个当学生碰到问题时，我帮助他进行自我探索的故事。

这位学生叫小悦，是一名高中二年级的学生。小悦成绩一直比较优秀，但由于从小在单亲家庭长大，他在学习和社交上都表现得比其他学生更内向和独立。因此，我对他的关怀也自然多了些，他也十分信任我。有一天，他突然找到我说："老师，我不知道自己在这里的目的是什么。我总是感觉自己很孤独，没有人理解我。我很想提高自己的学习成绩，更想像其他同学那样自在地交朋友。过去我觉得自己只能做好其中的一件事情，可现在我想要改变，我既想要好的成绩，也想要交到更多的朋友，老师您能帮帮我吗？"

我能感觉到他的困惑和无助，但我也意识到，这是他成长过程中必须克服的障碍。因此，我开始了引导他寻找自我和解决自己的问题。我问他："你对学习和社交的关系是如何理解的？是否可以在两者之间取得平衡呢？"他想了一会儿，回答道："我一直觉得要成为一个好学生，就必须花大量时间和精力在学习上，但这有时会导致我忽略自己的社交需求。"我告诉他："学习和社交并不是相互对立的，你可以把学习和社交结合起来。参加社交活动可以帮助你建立更多的人际关系，拓展自己的视野和认识。同时，学习可以让你更好地适应社交场合并更好地为自己的未来打算。"听到我的话，他似乎有了一些启示和想法。

后来，小悦以自己的兴趣——历史为出发点，鼓起勇气报名参加了学生自发组织的"历史小学会"。在这个学会里，小悦充分发挥了自己在历史方面的博学和才识，很快就找到了一批志同道合的好朋友。他们经常在一起探讨历史知识，大家的观点在对立中融合，在对立中走向更深的层次，引发更深的思考。小悦就是在这样的环境之下，不仅交到了很多知心的朋友，历史成绩更是突飞猛进，人也开朗大方了不少。在以后的日子里，他开始参加更多的社交活动，结识了很多新朋友。在社交中遇到的难题他都会在我这里倾诉，我也遵循着"以生为本"的原则，充分地尊重他、引导他。一切的汗水和努力都没有白费，他也终于朝着更加美好的方向不断向前。

以生为本对于教师意义深远，正如太阳之于花朵，滋润、温暖而不间断。以生为本，就是让教育走入学生内心深处，关注他们的情感及需求。每个学生都是一片珍贵的、独一无二的绿叶，有自己独特的成长痕迹和脉络，身为教育者的我们要以珍视的态度对待我们的学生，以敏锐的双眼和温柔的态度关注和尊重学生的个体需求，并以学生为中心，为他们提供帮助和支持。只有当我们全心全意为学生付出，才能真正理解并满足学生的需求，引导他们探索自己的兴趣并建立自我价值观和人生观，才能真正成为一个优秀的教育工作者，才能为社会培养出更多有责任心和爱心且独立思考和自信的栋梁之材。

将心比心，虚心听取

深圳高级中学（集团）北校区 刘婷婷

　　班主任工作千头万绪，任务繁杂和艰巨。如何利用好现有的教育资源达到预期的教育效果，是每个班主任应该思考的问题。科任教师是班主任开展工作的重要教育资源，著名教育学家马卡连柯说过：如果教师没有结合成统一的集体，那么也就不可能有统一的教育过程。这就要求班主任在工作中协调好科任教师的工作，从而做好班级管理工作。

　　科任教师是班级教育的重要主体，而班主任在工作中扮演着非常重要的角色，除了需要负责承担整个班级的教育管理工作，还需要维护师生之间的情感联系，直接参与学生的成长和发展过程。因此，班主任在工作中应该多考虑科任教师的感受，经常听取科任教师的建议和意见，以便能够更好地管理班级。在班主任与学生相处中，多数学生慑于班主任的威严，从而表现出较为正面的一面，而这就易造成班主任工作的盲区，正是如此，才更需要班主任虚心听取科任教师对本班学生各方面情况的反映，对学生有更加深入和客观的了解和评价，从而更好地做好班级管理工作。

　　一个班集体的管理，必须依靠全体老师的团结协作、共同努力。举个例子，科任教师与班主任之间离心离德，这就会给班级工作带来很大的阻力，从而导致班级在教学和管理中处于两难位置。有的班主任喜欢听科任教师对本班学生的表扬，而不愿意听取科任教师对本班学生的批评；有的班主任对科任教师所反映的本班学生的问题采取应付了事的态度，不认真解决；还有的班主任有"护短"、袒护学生问题。以上这些情况在很大程度上阻碍了班主任和科任教师之间的沟通和合作，甚至会使他们产生矛盾，最终导致班级

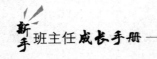

管理工作的难以开展。

在面对学生教育问题时，班主任一定要与科任教师充分沟通，了解彼此的看法和想法，不可一味地单干。当科任教师反映出问题时，班主任应该认真听取，并及时记录下来。然后班主任需要与科任教师合作，询问对这些问题的处理意见，并结合自身的工作实际来探讨如何对学生进行教育。在后续的学生管理过程中，班主任需要持续观察学生的变化，并将这些变化反馈给科任教师，从而进行齐抓共管，使学生更好地成长和发展。班主任和科任教师应该携手合作，共同为学生的未来努力。

金无足赤，人无完人，这是一句古语，也是一种对事物和人的客观认识。在学校的班级管理中，班主任的工作也会存在很多问题和盲区，这需要其他科任教师的支持和帮助，共同推进班级工作的开展。很多时候，一些学生会把班级存在的问题反映给科任教师，而不是反映给班主任，这就会给班级的建设和发展带来不利影响，甚至会导致班主任的威信受损，增加班主任的工作难度。

作为一名班主任，需要和科任教师建立密切的合作关系，互相信任，实现"将心比心"，这样才能更好地协作完成班级工作。首先，班主任需要时刻关注每个孩子的成长和发展，了解他们的家庭背景、兴趣爱好、学习情况等。其次，班主任要和科任教师交流，听取他们的意见和建议，及时解决一些学生在学习过程中的问题和困难。最后，我们也应该满怀敬意地倾听科任教师对班级工作的看法，包容他们的不同意见和想法。这样一来，班级中的每个学生都能得到充分的关注和照顾，班级工作也能更好地开展，避免出现问题。因此，建立班主任与科任教师的紧密合作关系，是班级工作顺利进行的核心保证。

班主任的个人能力和水平是有限的，只有得到科任教师的支持和配合，才能够实现班级的工作目标。所以，作为班主任应该走到科任教师的身边，听一听他们的心声和意见，这样才能使一个班集体统一思想，统一行动，从而做到班主任和科任教师的步调一致，要求统一，齐头并进，从而更好地做好班级的管理工作。

主动协助，但不越界

深圳高级中学（集团）北校区 尹春侠

教书育人是每一位教师的职责所在，在教育中，无论是班主任还是科任教师，都具有非常重要的地位和作用。如何建立一个具有感召力和执行力的教师队伍，是班主任的一项重要工作，帕尔默在《教学勇气——漫步教师心灵》中曾说："真正好的教学不能较低到技术层面，真正好的教学来自教师的自身认同与自身完整。"由此可见，协助好科任教师的工作，能够帮助科任教师建立自我认同感和自身完整，营造好的教学氛围，继而影响学生和班集体，同时可以减轻班主任工作的负担。

助力科任教师树立教师威信是班主任协助科任教师的重要表现。在学生还未接触科任教师之前，要利用好资源帮助科任教师树立威信，先使科任教师的正面形象深入学生人心，这将对接下来的教学工作开一个好头。"亲其师，信其道"，提前让学生了解科任教师，有利于塑造教师的良好形象，为师生间建立好的师生关系埋下伏笔。

班主任帮助科任教师了解本班的学生和班级目标，可以使科任教师更快地适应班级的氛围，并在教学中能够游刃有余，增强科任教师对班级的认同感，从而推动教师的教育内驱力，使科任教师能够爱上班级，喜欢上这个班级的课程。班主任不仅要在教学中协助教师完成目标，也要在班级活动中，邀请科任教师参与，从而加强科任教师与学生间的互动，进一步增进师生情感，使科任教师在教学中能够根据不同学生的特点去教学，最终实现因材施教的目的。

在班级工作中经常会存在班级课堂纪律不太好、班级学习氛围差等一系列问题，面对这些问题，班主任首先要做的是反思自己，审视自己对于班级管理中的班级纪律观念是否正确和合理。反思之后，找到科任教师，询问科任教师对于班级建设有怎样的建议，可以采用入班听课、教师座谈会等活动，协助科任教师建立有序的班级氛围，使更多的学生认可科任教师，从而更好地完成教学工作。

当然，在实际工作中，班主任还需要注意充分发挥科任教师的作用，与科任教师建立良好的沟通渠道，及时了解学生课堂情况，积极寻找合适的解决方案，从而更好地维护班级纪律和学习氛围。一个有序的班级是多方协作的结果，班主任的作用只是其中的一部分，而协作的关键是始终保持沟通和合作，并且深入理解科任教师和学生的需求，协调二者之间的关系，积极地寻求和尝试各种解决问题的方法和思路，才能在班级管理中不断取得进步。

在协助科任教师工作的同时，也要做到心中有度，也就是要做到不越界。对于科任教师的教学内容、教学方法和教育理念等教学方面的问题，班主任不应过于插手，尤其是在课堂上更不得对科任教师的教学水平、个人素质做过多评价，更不得在科任教师背后议论科任教师的不足，这样会严重破坏科任教师的威信。而科任教师威信的丧失，会对班级的氛围和班集体建设带来更加棘手的问题。

班主任的工作应该是协助科任教师获得成长，帮助他们在教学中取得更好的成绩和评价。班主任可以根据自己的经验和专业知识，提供有针对性的指导和支持，帮助科任教师不断提高自己的教学水平。这样不仅有助于改善教学效果，也能够促进班级的发展和进步。

班主任需要充分尊重科任老师的自主选择权，让他们有充分的自主权和创造性。在课堂上，科任老师可以根据不同的教学内容和目标，采取不同的教学方法和手段，激发学生的学习兴趣和思维潜力。同时，班主任需要引导科任老师关注学生，用平常心看待学生在课堂中的问题，并合理处理学生的纪律问题，保证课堂秩序和教学质量。

在协助科任教师工作的同时，还能做到不越界不仅是班主任的职责所在，也是班主任智慧的一种表现，这就要求班主任要不断地学习和提升，从而更好地投入班级工作之中。

尊重建议，共同配合

深圳高级中学（集团）北校区　刘婷婷

班主任与科任教师之间的关系应该是相互尊重、互相信任的。班主任应该与科任教师多进行沟通交流，了解他们的教学情况和学生情况，及时协调解决问题。班主任可以邀请科任教师参与班级会议、活动组织等，让他们参与到班级管理中来。这不仅可以增强班级凝聚力，也可以让班级管理变得更加智慧和有效。

班主任可以定期组织班级例会，邀请科任教师一起参加，讨论班级管理和教学工作相互配合的问题，对学生的学习和生活进行全方位的管理与指导。此外，班主任也可以邀请科任教师参与学生考试的答卷分析，并向家长汇报学生的成绩和表现，让科任教师对学生的学习状况有更加具体的了解和把握。

在班风学风的建设中，班主任需要积极倾听科任教师的合理建议和对个别学生的教育对策。班主任应该尊重科行教师的专业意见，充分发挥科任教师在学生教育中的作用，共同建设班级良好的学风和班风。除了教学工作外，在评选班干部、优秀学生推荐等工作中，先由学生推选候选人，在此基础上请所有科任教师参与评选，他们的"关键一票"将决定最终确定的人选。这样既体现了学生推选的民主性，也充分尊重了科任教师的意见，实现了多角度考评。

在班级活动中，要邀请科任教师参加并给予指导，主动征求科任教师的意见和建议，并尽可能采纳和实施这些意见和建议。班主任要全力配合并支持各位科任教师的工作，给各位科任教师在教学工作上提供最大的便利，还要多关注科任老师的上课情况，发现问题及时解决。班级工作包括各科教学工作，应该是一个整体，班主任一定不要自以为是、我行我素、唱独角戏，要积极和各位科任教师搞好协调配合，要关心并鼓励科任教师共同携手做好班级工作，尤其是教学工作。

作为班主任，应该全力配合并支持各位科任教师的工作。班主任不但要尽量给科任教师创造最大的方便，而且还需要时常注意科任教师的上课状态，对出现的情况及时处理。如果发现某个科目有课堂纪律问题，以及个别同学退步的问题等，班主任可以与科任教师协商如何加强教学效果，或者协助寻找相关的教学资源来帮助他们。

班级中所有的教师都有着一定的共性和向心力，所有教师的教育目的都是一致的，为了班级学生的成绩能有所提升，为了班级能够取得进步，每位教师都是班级建设的参与者。而班主任是班级建设的组织者，这就要求班主任要多听取科任教师的建议，多与科任教师配合，从而班主任与科任教师达成一致的意见和想法，最终发挥思想教育的合力作用。

班主任和科任教师之间的配合也是非常重要的。班主任需要根据班级的实际情况，制订出课程安排和教育方案，而科任教师则需要按照班主任制订的计划进行教学，同时针对自己所教授的学科，给予班级建设方面的意见和建议。只有班主任和科任教师之间紧密合作，才能够让班级建设方案更加完善，达到最好的效果。

作为一名班主任，应该有着更高远的眼界，要考虑班级总体的教育教学和管理，积极协助教师的工作，要充分调动其他科任教师管理班级的积极性，群策群力，形成教育合力，加深教职工的感情，使大家在管理班级工作时都得心应手，只有这样，班级管理工作才能有好效果。班主任还要积极主动、耐心细致、科学合理地统筹各方面积极因素，使全体学生全面、科学、健康、快乐地发展。

班主任与科任老师的教学观念要一致，并且要追求一种相对的、主动的合作关系，重点在于班主任和科任老师的关系都必须维持在一种良性的协作态势之中，都要顾全大局，都要站在促进班集体发展和学生健康成长的高度来思考，既求同存异，又择善而从。只有这样，班主任和科任老师之间才能形成良性、积极、融洽的互动关系。

如实反映，概不隐瞒

深圳高级中学（集团）北校区 尹春侠

班级是学校教育教学活动的主阵地，在这个阵地上，班主任和科任教师具有非常重要的作用。如何实现两者关系协调，从而实现班级发展的预期目标是一项非常复杂且具有艺术性的工作。班主任在这项工作中扮演着重要的角色，这就要求班主任要信任和尊重科任教师，对班级存在的问题和自己的想法，要如实地反映给科任教师，不要隐瞒，以免造成两者之间的误会，从而影响班级发展。

在班级建设中，班主任是起着关键作用的人物，应如实反映学生情况，强化科任教师对学生的了解。然而，由于每个学生都有不同的特点和情况，班级建设中可能会出现非常复杂的问题。因此，作为班主任，我们需要向科任教师如实反映学生情况，特别是在处理特殊情况时，如单亲家庭、特殊体质、留守儿童等。只有这样，科任教师才能采用适当的方法对待这些特殊情况的学生，这样可以避免师生之间的误会和矛盾，从而促进班级的建设和发展。这也将有利于科任教师更好地进行因材施教，让每个学生都能得到合适的关注和帮助。在班级建设中，班主任的作用不容小觑，只有通过良好的沟通和合理的处理，在整个教学过程中才能实现更好的效果。

班级建设需要科任教师的参与和了解，而班主任是班级管理的重要角色，对班级情况有更全面、具体的了解，需要及时地对科任教师进行反馈。因此，班主任应该积极主动地与各科任教师进行沟通，了解座次排定、成绩状况以及学困生情况等重要信息，以便科任教师能够更好地掌握班级情况。在日常工作中，班主任还应及时向各科任教师交流班级中出现的新问题，以避免因信息不畅通而引起不必要的差错。这样做不仅能够使班级工作更有针对性，也能够加强班主任与科任教师之间的信任和合作，共同促进班级的发展和进步。

学生对科任教师存在意见时，作为班主任应该采取委婉的方式转达学生对科任教师的意见，让老师更容易理解学生的想法和感受，从而更好地改进自己的教学方式。班主任可以从教学方法、对待学生的态度等方面入手，指出科任老师存在的不足之处，同时提供具体的建议和意见，帮助老师更好地应对学生的需求和问题，不可刻意和"善意"隐瞒学生的意见，以免加深师生之间的不信任感，从而影响班级教学。

当科任教师对班主任反映问题时，班主任要注重倾听，认真记录他们提出的问题和建议，并及时回应，表示班主任重视并尊重他们的意见。只有这样，科任教师才会感到被重视及被关注，才会更加积极参与班集体的教学管理工作。同时，班主任要在实际工作中注意与科任教师交流沟通，建立良好的合作关系，共同管理班级，避免出现班主任孤军奋战的不利局面，让教学工作更加顺畅、高效。

班主任相对于科任教师而言，参与班级管理和建设更多一些，班主任在班级管理中要主动和各科任教师反映班级情况并交换意见，来一场"头脑风暴"，从而使科任教师了解班级管理动向，在教学时做到心中有数。在教育教学工作中，班主任和科任教师对班级发生新的问题、新的情况都应及时反映和交流，以避免引起师生之间、教师之间等不必要的误会。

班主任与科任教师的相处有时也会遇到一些不尽如人意的事情，如有的班主任不满意科任教师的想法和做法，这是常有的事情。此时，班主任要看到科任教师的动机和出发点，找合适的机会以及恰当的方法，把自己的想法如实反映给对方，在解决问题的同时，赢得科任教师的信任。班主任和科任老师的关系是否协调，直接影响到班级的建设。"心往一处想，劲往一处使"，才能更好地建设和管理一个班集体。

总之，班主任与科任老师之间的协作是班级建设和教学质量的关键，只有通过密切的沟通、良好的合作和有效的协调，才能实现班级目标。提高学生的成绩和整体素质，从而更好地完成班级建设和教育教学工作。

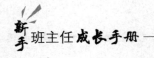

第三节　家校沟通小妙招

巧借微信，增进了解

深圳高级中学（集团）北校区　刘婷婷

　　学生的教育应该由学校、家庭、社会三方协同完成，在信息化不断发展的今天，班主任也应该适应当下社会的发展，可以借助微信平台搭建与家长沟通的桥梁，最大程度凝聚家长的合力，从而提高班级管理工作的效率。

　　微信平台作为当今最受欢迎的社交软件之一，已经成为人们日常生活中必不可少的沟通工具之一。班主任可以巧妙地利用微信平台，搭建起与家长之间的沟通桥梁。通过微信，班主任可以及时向家长传达学校重要通知和消息，让家长了解学校的教育理念、校园活动和班级规划等，从而形成一个教育共同体，共同关注学生的发展。

　　微信群可以分为班级群和小组群。班级群发布学校近期的德育工作和教学工作的目标、做法、活动图片、视频等，让家长了解学校的培养目标，配合学校对孩子进行个性化指导。小组群可用于交流孩子近期发展，作为交流孩子变化和教育问题的重要平台。

　　班级群的成员有：各班的班主任、科任教师、学生家长等。班主任利用微信和家长商量班级事务，定期撰写学生评语，发布有关家庭教育方法的文章，激励亲子一起成长；科任教师发布学生在校生活学习的视频、照片等，重点突出孩子的成长与进步，让家长及时发现孩子的闪光点和潜能，家长针对青春期孩子常见的心理问题，如叛逆、厌学等，可以建言献策，介绍成功解决问题的方法，互相借鉴学习。

　　班主任可以根据学生的不同特点，建立若干个小组微信群。班主任在群内介绍这些孩子的共同优点，为他们设立近期目标，指明实现目标的方法，在小组内开展学习竞赛，并及时把每个孩子在校内的优秀表现展示在群内；家长则需要把孩子在家里的学习、劳动、作息等情况反馈在群里，也可以分享一些个人的育子心得，每周末孩子回家，家长还需为孩子写上寄语，班主任择优在群内展示。如此，缺少教育知识的家长就能借鉴模仿，从他人的案例中获得宝贵经验，从而科学教育孩子。

　　微信群还可以作为学校与家长之间的沟通桥梁。通过班级群，学校可以及时向家长发布学校的通知、活动安排、考试安排等重要信息，方便家长了解学校的情况，积极参与学校活动。家长也可以通过班级群与其他家长交流经验，互相支持和鼓励。微信群的使用还有助于提高信息传递的效率。通过微信群，学校可以将信息一次性发送给所有相关人员，不仅节省了时间，还确保了信息的准确性和统一性。而且，通过群聊的形式，教师、学生、家长可以在任何时间、任何地点方便地交流，打破了时间和空间的限制。

　　微信群在学校中的应用不仅方便了信息的传递和交流，更能够促进学校和家长、学生间的密切联系与合作。通过微信群，家长可以更加了解学校的教育理念和教学目标，与教师共同关注孩子的学习和成长。学生也可以在群里获得更多的学习资源和支持，提高学习效果和自我发展能力。只要正确使用，微信群可以成为学校管理和教学工作的重要辅助工具，为整个学校带来更多的便利和进步。

　　然而，微信群的使用也需要注意一些问题。首先，要保护学生和家长的隐私，避免个人信息泄露。其次，要确保群内的交流内容积极健康，不能出现不良信息和不当言论。最后，学校和教师也需要合理安排时间，避免过度依赖群聊，影响教学和工作的开展。总的来说，微信群作为一种新的沟通

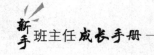
方式，对于学校、教师、学生和家长都带来了许多便利。微信群的使用可以促进学校、家长、教师与学生之间的交流与合作，共同推动教育的发展。然而，我们也需要明确使用微信群的目的和原则，合理利用这一工具，才能最大限度地发挥其作用。

总之，借助家校微信群，学校、教师、学生和家长联手构建起一个良好的教育环境，为家长和孩子获得了优质的教育。这种新兴的教育模式不仅提高了教育效率，也拓宽了教育资源的共享和传递。相信在家校微信群的推动下，教育将变得更加智能化、个性化。

阶段反馈，增进了解

深圳高级中学（集团）北校区　尹春侠

教育需要智慧的沟通，班主任是家校沟通的桥梁和关键。家校沟通能力是班主任带班育人的基本能力，也是其专业素养的根本表现，在这其中，如何对家长进行阶段性的反馈是做好家校沟通的必要条件，阶段性反馈可以达到班主任与家长之间对学生的了解，最终形成教育合力，发挥家校共同教育的作用。

家校沟通对于班主任工作来说具有非常重要的意义。班主任需要通过与家长的深入交流，了解学生的家庭背景、个性特点、学业情况等方面的信息，从而更全面地指导学生的成长。在家校沟通中，班主任应该注重倾听家长的关切和意见，及时解答他们的疑虑和困惑，积极与家长合作，共同制订适合学生的教育方案。

班主任需要与家长保持密切的联系，以了解学生在家庭环境中的情况和发展状况，并及时向家长传达学校方面的信息。然而，要做好家校沟通并不容易，需要班主任具备智慧的沟通技巧与能力。首先，班主任应该亲切友好地与家长交谈，建立起良好的沟通氛围，获得家长对班主任工作的支持和信任；其次，在与家长交流过程中，班主任要耐心聆听，理解家长的需求和关切，同时对孩子的教育适时给予建议和支持。

在对孩子的阶段性反馈中，班主任可以通过班级群、家长会等方式，向家长传达学生在学校中的表现和进步情况。此外，班主任还可以定期与家长进行面谈，详细了解学生在学习、生活和心理方面的变化和问题，以及家长对学校教育的期望和建议。通过及时的反馈，班主任能够与家长建立起良好的合作关系，共同关注学生的成长。

班主任还可以定期组织家长座谈会，反馈学校的教育成果和教育理念，为家长提供必要的教育指导和支持，帮助家长更好地了解学校教育的目标和要求，从而建立起良好的家校合作机制，与家长共同制订学生发展规划和教育目标。

做好阶段性反馈不仅是班主任要简单地沟通和反映孩子的问题，也要对孩子在校的亮点和进步进行反馈，班主任可以分享一些学生的进步和优点，鼓励家长对孩子的成长给予更多支持和鼓励，从而赢得家长对学校工作的进一步的了解和认识，推动家校之间的沟通。

在实际情况中，绝大多数家长听到班主任反馈自家孩子的缺点时，一般家长会及时跟进孩子的问题，并督促孩子改正。但有些家长可能还会采取一些极端措施，强行要求孩子改正缺点。还有些家长，对老师直言不讳地告知其孩子身上的问题时，不仅觉得面子上挂不住，心里还会生出怨念，事后也不会配合班主任的要求督促孩子改正缺点。

在家校沟通中，班主任反馈学生情况时，应该注重与家长的互动和信任的建立。班主任可以采用亲切友好的语言和态度与家长对话，倾听他们的意见和建议。通过积极的互动和信任建立，实现班主任与家长之间在学生教育问题上的默契，从而共同促进学生的全面发展。

除了班主任向家长反馈学生在校内表现，班主任也可以要求家长向班主任反馈学生在家庭环境中的情况，从而实现双向反馈，以便班主任更好地了

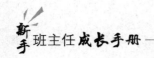

解学生，并提供个性化的教育帮助。只有班主任和家长之间建立了良好的沟通渠道，才能形成紧密的教育合作，最大限度地发挥家校共同教育的作用，为学生的成长和发展提供坚实的支持。

总之，家校沟通是促进学生综合发展的重要途径和手段。班主任作为家校沟通的关键人物，应注重自己的沟通能力和专业素养。通过阶段性的反馈、互动和信任建立，班主任与家长达成一致的教育理念，最终为学生提供更好的教育服务。

家访交流，共育未来

深圳高级中学（集团）北校区　　刘婷婷

家访，是教育的一场温情行走；家访，是三尺讲台外的另一片天空；家访，是每一位教师特别是班主任的"必修课"。家访也是学校和家庭双向沟通的重要环节，是学校教育教学工作的重要补充和延伸。

家访是一场温情的行走，班主任走进学生的家门，亲切地与家长进行交流。通过这样的交流，班主任能够更好地了解学生的家庭背景，感受到他们的期望和关切。这种密切的互动不仅让家长对学校工作有更深入的了解，也让班主任了解学生在家庭中的情况，为学生提供更加贴心的关怀和教育。在家访中，班主任可以与家长详细地交流学生的学习情况，共同制订学习目标和计划。通过家访，家长可以更加了解学校的教育理念和教学方式，有助于他们更好地支持学校的教育工作，与学校形成更紧密的合作关系。同时，班主任也可以向家长介绍学校的一些教育活动和资源，为学生提供更多的学习机会和支持。

家访是三尺讲台外的另一片天空。在家访中，班主任不再是课堂上的严肃形象，而是以更为放松的状态与家长交谈。这种亲和力让家长更愿意与班主任进行交流，畅所欲言。同时，班主任能够以家庭教育的视角去思考问题，更好地理解学生和家长的需求，并通过与家长的合作共同努力，为学生提供更好的教育。除了了解学生，家访还有助于建立良好的师生关系。通过走进学生的家庭，班主任可以与学生和家长进行更深入的交流，增进相互的了解和信任。学生在家庭中的表现与在学校中可能会有所不同，家访可以为教师提供一个更真实的学生形象，使班主任能够更准确地评估学生的优点和不足，并为其提供更个性化的教育指导。同时，家访可以促进学校与家庭之间的密切合作。

家访是班主任的"必修课"。班主任是学生学习和成长的重要引导者，负责学生的全方位管理和教育工作。通过家访，班主任可以进一步深入了解学生的学习情况、家庭情况和问题所在，及时采取相应措施，帮助学生解决困惑和困难，提升学生的学习效果和综合素质。

在家访中，班主任可以观察学生在家庭中的学习环境和学习态度，了解他们的学习习惯和学习动力。这些观察和了解对教师来说非常宝贵，可以帮助他们更好地调整教学方法和策略，满足学生的学习需求。在家访中，班主任不仅是一位知识的传授者，更是学生的引路人。班主任不仅可以根据学生的家访情况，制定个性化的教育方案，帮助学生克服学习中的困难和挑战；而且可以更好地了解学生的家庭教育方式和家庭期望，更好地与家长合作，互相支持，促进学生多方面的发展。家访还可以为学校提供宝贵的信息资源，班主任可以通过家访了解家长对学校教育的期望和意见建议，及时调整和改进教学方案，提升教育教学质量。这种面对面的交流能够让师生之间的沟通更加顺畅，增进彼此间的了解和信任，为学生的成长提供更有力的支持和指导。

家访不仅是学校教育教学工作的重要补充，也是其延伸。在家访中，班主任可以通过与家长的交流，了解学生在家庭中的学习和生活情况，也可以借此机会向家长传达学校的教育理念和要求，促使家长在家庭教育中发挥更积极的作用。只有学校和家庭双向沟通紧密衔接，才能更好地关注学生的全

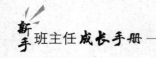

面发展和素质教育，为实现教育目标而共同努力。

总之，家访是学校和家庭之间沟通合作的重要环节，不仅有助于班主任更全面地了解学生和家庭，为他们提供更好的教育服务，也有助于家长更好地了解学校教育情况，与学校共同关心和培养孩子。

理解包容，共促成长

深圳高级中学（集团）北校区　尹春侠

著名教育家苏霍姆林斯基曾说过："学校教育与家庭教育的完美结合才是教育的最佳体现。"由此可见，家校合作不仅对于学生各方面的发展意义重大，还对学校教育的良好发展以及家长与学生的共同成长至关重要。班主任应在家校合作过程中起到桥梁的作用，这就要求班主任与家长之间要建立起有效的沟通，对家长反馈的问题和意见要理解包容，真心真意地关心每一位学生，这样才能够建立班主任与家长平等和谐的关系，从而推动学生的发展和进步。

家校合作是教育过程中至关重要的一环。然而，由于学生家长的文化水平、职业、性格以及为人处世等方面存在差异，导致在孩子教育问题上难免出现方式和方法不合理的现象。因此，作为班主任需要学会换位思考，尽量理解家长的心情和感受。只有通过多一分理解和多一份包容，才能有效地促进家校之间的沟通和交流。

一、班主任应该学会倾听

班主任应该用心聆听家长的真实意见，而不仅仅是停留在表面的问题上。通过倾听，班主任可以得到更多有关孩子在家庭环境下的信息，这将有助班主任更好地为孩子提供支持和指导。同时，班主任可以通过与家长的对话，了解家长对于学校教育和管理的期望，从而更好地满足家长的需求。

二、班主任应该保持开放和包容的态度

每个家庭都有自己独特的价值观和教育方式，班主任应该尊重并包容这些差异。在与家长沟通时，班主任应该避免过于主观地评判家长的反馈和意见，而是应该以积极的心态对待。即使家长的反馈有时可能与自己的观点不一致，班主任也应该以解决问题为出发点，促进有效的合作。

另外，班主任在沟通过程中应该注重细节和情感的表达，以更好地促进相互理解和包容。班主任可以通过电话、微信、电子邮件等方式与家长进行沟通，在表达信息和意见的同时，可以适度运用一些亲切的开场白或感谢的话语，增加沟通的友好性。此外，班主任也可以适时向家长展示对学生的关心和关注，通过分享学生的进步或困难，加深班主任与家长之间的情感联系，从而建立更加紧密的合作关系。

只有通过有效的沟通，班主任才能更好地了解家长的反馈和意见。首先，无论是正面的赞扬还是批评，班主任都应该以包容的心态接受，不轻易做出反驳或否定。其次，班主任也应该主动与家长进行沟通，而不是等待他们的反馈。班主任可以定期举行家长会议或者校园活动，与家长面对面交流。在这样的场合，班主任可以向家长介绍学校的教学理念、教育目标以及课程安排等方面的信息，同时可以倾听家长的意见和建议。这样的沟通交流能够增进双方的了解，促进共同合作，更好地为学生的成长和发展提供支持。

家庭和学校是学生成长的两个重要环境，它们应该相互支持、相互补充，共同努力为孩子的教育搭建良好的平台。在家校合作的桥梁上，只有不断地播种爱和责任的种子，才能让学生的成长充满色彩和希望。无论是家长还是班主任，都在用爱和责任引领孩子走向美好的未来，在学生的教育上，作为班主任，要理解和包容家长渴望学生成长的心情和做法，并与家长共同

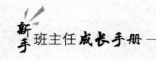
努力，实现学生的全面发展。

冰心曾说："爱在左，责任在右，走在生命之路的两旁，随时播种，随时开花。"只要我们心中有爱，用心沟通，就一定能架起家校合作的桥梁，我们在桥的两边随时播种，随时开花，将教育之路点缀得色彩缤纷。

私下沟通，尊重隐私

深圳高级中学（集团）北校区　刘婷婷

沟通是一门学问，也是一项专业能力，良好的沟通能力、恰当的交流方式是家校合作的前提和保障。班主任主动与家长沟通是教师职业道德的要求，也是体现教师专业素养的方式之一。班主任在与家长沟通中，应该遵循一定的原则，其中一项原则就是要懂得尊重家庭隐私，对特殊的问题采用私下沟通的方式。

每个家庭都有自己的规则和价值观，班主任应该以开放和包容的心态去交流，以便更好地理解学生在家庭中面临的问题和需求。班主任在沟通中一定要保护好学生和家庭的隐私，减少学生可能面临的尴尬和压力。班主任应该理解并尊重每个学生家庭的背景和个体的差异，对待学生的隐私问题，需要采取私下沟通的方式，在沟通中班主任应该展现出耐心和关怀，使学生感受到班主任的人文关怀，从而敞开心扉。

班主任对于学生和家长的个人信息应该严格保密，确保信息不被泄露，尤其在收集、汇总信息时，涉及家庭隐私和重要信息的不应在班级群完成，而是要一对一地进行。这样做不仅有助于建立班主任与家庭之间的信任，也有助于维护学生和家长的隐私权。

在面对特殊问题时，班主任应该采用私下沟通的方式。特殊问题可能指与学生的个人生活或使学业有关的敏感问题，如家庭困难、学习困扰、心理压力等。这些问题对学生来说是非常私密和敏感的话题，公开讨论可能会导致隐私泄露或学生面临不必要的尴尬和羞辱。通过私下沟通，班主任可以为家长和学生创造一个安全、舒适的环境，让学生和家长愿意主动地分享问题和困惑。班主任可以亲自约见学生家长，或者通过家长会面向家庭传达信息。一对一的交流方式可以更有效地了解学生家庭的需求和困难，同时也更能体现出班主任的关怀和支持。此外，私下沟通还有助于班主任与家长建立更亲密的联系。班主任与家长面对面交流不仅可以增强班主任与家长的协作关系，还能更好地解决学生问题，从而达到因材施教的目的。

班主任与家长私下沟通时需要考虑到家长的时间、地点是否方便。家长寻求帮助的时候，班主任要从学生特点出发，在维护学生尊严的前提下提供解决办法，从而使学生能够获得成长与发展。在很多问题上，由于班主任家长的考量角度、出发点、关注点不同，对同一事情的看法和表现不同，这就需要班主任在与家长沟通时能真正地转换角度，认真地考虑如何处理对学生的长远发展有益，不是单纯地为了处理而处理，而是对问题进行换位思考和探究，然后站在家长的角度，私下里真诚地与家长进行沟通，共同寻找帮助学生解决问题与成长的可行性办法，激起家长的共鸣，与家长达成共识。

陶行知先生说："真教育是心心相印的活动，唯独从心里发出来，才能打到心的深处。"家校沟通只有从自己的内心出发，真正为了学生的发展，教育才能达到效果。教育学生是为师者应尽的责任，教育职业是神圣的。班主任在私下沟通中，要保护学生与家庭的隐私，尊重每一个家庭和学生，才能赢得家长与学生的尊重，从而形成相互的信任关系，最终推动教育教学工作的进一步开展。

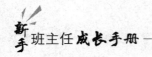
管理情绪，以诚相待

深圳高级中学（集团）北校区　尹春侠

　　著名教育家苏霍姆林斯基说过："教育的效果取决于学校与家庭的一致性，如果没有这种一致性，学校的教育、教学就会像纸房子一样倒塌下来。"要达到这种一致性，就必须要进行沟通。在沟通的过程中，作为班主任应该懂得管理自己的情绪，并以真诚的态度和家长沟通，从而赢得家长的信任和支持，实现家校之间1+1>2的教育效果！

　　班主任在与家长沟通时，保持良好的情绪管理和积极的沟通方式是至关重要的。当班主任情绪不稳定，情绪低落或者愤怒时，很可能会在与家长沟通时表现出不耐烦或者情绪失控。这种情况下，家长可能会感到被冒犯或者不被重视，沟通很容易变成争吵或者冲突。因此，班主任可以尝试用一些自我调节的方法，如深呼吸或者放松运动来平复情绪。只有在冷静的情况下，班主任才能够更好地处理问题，避免因情绪影响而做出错误的决策。

　　班主任在面对紧急事件和问题时，切勿慌张，应该保持冷静和平和的状态。在情绪调整好后，班主任可以思考出合适的方式和方法，以便有效沟通解决问题。在沟通过程中，班主任要积极倾听家长的意见和想法，并尊重家长的感受。遇到问题时，班主任可以通过提问或者表达自己的观点，也可以展示自己对问题的理解和关心，以此来得到家长的信任和配合。在解决问题时，班主任要坚持以解决问题为目标，避免情绪化地进行指责或者争论，以免进一步激化矛盾。

　　在面对个别家长情绪激动时，作为班主任，在与家长沟通时更要避免情绪化，同时要注重言辞和表达方式。班主任应该尽量使用客观、中肯的语言，并以事实为依据进行论述，避免使用带有主观偏见或者情绪化的言辞。通过这样的方式，班主任能够更好地与家长建立起良好的沟通关系，增进双方的理解和信任，从而更有效地解决问题。

班主任如果因为情绪问题与家长沟通存在不当时，班主任必须承认自己的错误并真诚地道歉。不能借班主任权威一错再错，高高在上。虽然作为学生的班主任，但在沟通中与学生、家长之间应该是平等的关系。通过真诚的道歉，班主任不仅不会降低自己的威信，反而会让学生和家长更加认可班主任的工作，因为学生与家长会感到自己被尊重和被理解。这将有利于班主任工作的进一步开展，强化家校之间的有效沟通，最终实现家庭教育和学校教育相结合的目的。

沟通有法，但无定法，真诚相待是做好教育的必杀技。作为班主任，无论面对怎样的问题，一定要时刻保持冷静，切勿因为问题而影响自己的情绪，从而影响判断，做出错误的决定。在家校沟通中，最重要的原则就是以诚相待，只有用心用情地与家长建立和谐的家校关系，最终才能帮助学生共育未来。

第四章

巧解难题：
巧妙解决突发事件

4

第一节　教育机智：
班级突发事件应对策略

深圳高级中学（集团）北校区　王彦超

一、班级突发事件紧急应对

（一）突发事件的定义

突发事件是指突然发生的、无法预测的、对社会公共利益或个体安全造成重大影响的事件。突发事件具有突然性、不确定性、紧迫性和复杂性。首先，突发事件通常是在较短时间内突然发生的，没有充分的准备时间。其次，突发事件往往难以预测，缺乏明确的预兆或迹象。再次，由于突发事件的紧急性，通常需要迅速采取行动来应对。最后，突发事件往往具有复杂性，涉及多个方面的问题和多个利益相关者之间的冲突。

突发事件的范围非常广泛，可以包括自然灾害（如地震、洪水、台风）、人为灾害（如火灾、恐怖袭击）、公共卫生事件（如传染病暴发、食品安全问题）等。这些事件具有突发性和不确定性，对社会秩序和个人生命财产安全造成严重影响。

针对突发事件，应对策略的制定十分重要。首先，需要建立完善的预警机制和监测系统，提前掌握可能发生的突发事件，以便能够做好应对准备工作。其次，需要制定相关应急预案和救援方案，明确各级部门的职责和任务，确保快速响应和组织协调。同时，加强信息沟通和共享，及时传递准确的信息，避免造成恐慌和误解。

综上所述，突发事件是指突然发生且无法预测的对公共利益和个体安全造成重大影响的事件。对于班级突发事件，及时响应、组织协调和信息沟通是应对的重要原则。为了确保班级突发事件应对的有效性和效率，需要不断总结经验并提出建议，以适应未来班级突发事件的发展趋势。

（二）突发事件的分类

班级突发事件是指在教育环境中突然发生的各种不可预测的突发情况，这些事件可能会对学生、教师和整个班级的安全和正常运转产生不利影响。了解班级突发事件的分类对于制定应对策略和预防措施至关重要。

1. 自然灾害类事件

自然灾害类事件是指那些由自然因素引发的突发事件，如地震、洪水、台风等。这类事件通常具有突发性和不可预测性，对班级的安全和学生的生命财产造成严重威胁。

2. 突发疾病类事件

突发疾病类事件是指突然在班级中出现的传染性疾病，如流感、水痘等。这类事件可能会导致学生集体感染，严重影响学生的正常学习和生活。

3. 突发意外伤害类事件

突发意外伤害类事件是指在班级中发生的突发事故，如交通事故、跌倒受伤等。这类事件可能会导致学生受伤甚至丧失生命，对班级和学生家庭带来沉重打击。

4. 突发社会安全类事件

突发社会安全类事件是指与社会安全问题相关的紧急情况，如校园欺凌、突发冲突等。这类事件会导致学生心理受创，影响学生的学习和生活环境。

5. 其他突发事件

除了上述分类，还存在一些其他类型的突发事件，如火灾、爆炸等。这些事件通常具有较高的风险和危害性，对班级和学生的安全构成严重威胁。

了解班级突发事件的分类，可以帮助教育机构和班主任制定相应的突发

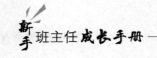

事件应对策略和预防措施。不同类型的突发事件需要针对性地制定不同的处理方案，以确保班级的安全和学生的正常学习秩序。

（三）突发事件的预防措施

突发事件的预防是班级管理中至关重要的一环。只有通过采取一系列的预防措施，我们才能最大限度地减少突发事件的发生，并有效应对这些事件。以下是一些常见的班级突发事件预防措施。

1. 建立完善的安全制度和规章制度

班级应建立一套完善的安全制度和规章制度，明确规定突发事件的预防措施和应对方法，并向全体师生进行宣传和培训，以提高他们的安全意识和应对能力。

2. 加强班级环境管理

班级应保持室内外环境的整洁与安全，定期进行巡视，及时清理危险物品和隐患，确保学生的安全。

3. 建立健全的监管机制

学校和班级要建立监管机制，包括制定突发事件应对的责任分工和流程，明确各个岗位的职责，并进行监督和考核。

4. 加强师生之间的沟通与交流

班级建立定期检查、座谈和沟通的机制，及时了解师生的情况和需求，发现问题及时解决，以减少突发事件的发生。

5. 建立紧急救援机制

班级组织师生参与应急演练和培训，提高紧急救援能力，并配备必要的急救设备和器材。

6. 增强师生的安全意识和自护能力

班级应定期进行安全教育，向师生传授有关应对突发事件的知识和技能，使他们具备一定的安全意识和自护能力。

7. 加强与家长的沟通合作

班级应与家长保持密切联系，及时向家长传达突发事件的信息，征求家长的意见和建议，并与家长共同制定应对策略。

以上预防措施的实施可以有效减少班级中突发事件的发生，提高应对突发事件的能力，保障师生的安全。同时，班级管理者还应不断总结经验，加强与其他班级和学校的交流合作，共同推动班级突发事件预防工作的开展。

二、班级突发事件处理原则

（一）快速响应原则

快速响应原则是班级突发事件应对中至关重要的一项原则。在面对突发事件时，及时采取行动并做出迅速的响应是确保师生安全和最大限度减少损失的关键。

1. 快速响应需要建立有效的事件监测和预警机制

学校管理者和教师应该建立一个完善的监测系统，能够及时获取相关事件的信息。这可以通过与校内外相关部门和机构合作、利用先进的技术手段（如摄像头、监控系统等）来实现。当监测到潜在的突发事件威胁时，必须立即触发预警机制，以便及时采取紧急措施。

2. 快速响应需要敏锐的判断力和决策能力

一旦突发事件发生，学校管理者和教师必须迅速评估局势，并做出相应决策。他们应该了解不同情况下所需的最佳行动，采取合适的措施来应对不同类型的突发事件。例如，对于火灾事件，应立即启动火警报警系统，并组织学生有序疏散到安全地点。对于突发疾病事件，应迅速联系医疗机构，并向学生和家长提供相关的健康指导。

3. 快速响应还需要高效的组织和协调能力

学校管理者和教师应建立一个紧密的应急响应团队，并明确每个成员的职责和任务。在应对突发事件时，各成员应密切协作，迅速行动，并有效地分工合作。及时的组织和协调可以确保应急措施的有效执行，从而最大限度地减少人员伤亡和财产损失。

4. 快速响应还需要有效的信息沟通

及时准确地传达信息可以帮助学校管理者和教师更好地组织和协调应

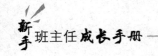

急工作。他们应该建立起一个畅通的信息传递渠道，确保信息能够快速传达给相关人员，包括学生、教职员工和家长。在突发事件发生后，要向学生和家长及时通报事件的发生、应对措施和进展情况，以防止不必要的恐慌和混乱。

综上所述，快速响应原则是班级突发事件应对中不可或缺的一部分。它要求学校管理者和教师具备敏锐的判断力、决策能力和组织协调能力，并能够有效地传达信息。只有通过快速响应，我们才能最大限度地保护师生的安全，并减少突发事件带来的损失。

（二）组织协调原则

在班级突发事件的应对中，组织协调原则起着很重要的作用。组织协调指在突发事件发生时，班级应该迅速调动资源，组织各方力量共同应对，确保紧急情况得到有效控制和解决。

1. 组织协调需要建立一个有效的指挥机制

这个机制必须明确指挥部的组成和职责分工，以便在突发事件发生时能够迅速采取行动。指挥机制应该包括学校管理层、班级教师、学生家长等各方代表，以确保各方在处理紧急事件时能够协调一致。

2. 组织协调也需要提前做好资源准备工作

学校和班级应该建立紧急事件处理预案，明确各方的职责和资源调配方式。这样在突发事件发生时，可以迅速调动相应的人力、物力和机构来进行紧急救援和处理。

3. 组织协调还需要加强信息共享和沟通

班级应该建立一个高效的信息传递机制，确保各方能够实时了解突发事件的最新情况和处理进展。同时，需要加强与相关部门和机构的沟通，共享资源和信息，以便更好地协调行动和处理。

在实际操作中，组织协调原则需要班级各方密切配合，严密组织，确保行动迅速和高效。在突发事件发生时，各方应该及时行动，遵循指挥机制的指示和安排，共同协作，以最大限度地减少伤害和损失。

总之，组织协调原则是班级突发事件应对的关键。建立有效的指挥机制，提前准备好资源和预案，加强信息共享和沟通，可以提高班级突发事件的应对能力，保障师生的安全，有效地处理突发事件。这也是朝着更安全和健康的学习环境发展的重要一步。

（三）信息沟通原则

信息沟通在班级突发事件的应对中起着至关重要的作用。只有通过有效的信息沟通，才能及时传递重要的消息和指示，使全体师生能够做出正确的反应和行动。在班级突发事件处理中，以下是关于信息沟通的原则。

1. 及时准确地传递信息是信息沟通的核心原则之一

在突发事件发生时，时间是至关重要的。因此，保持信息的准确性和及时性至关重要。教师和学校管理人员应该快速获取相关信息，并及时向全体师生传达。这可以通过使用快速而可靠的通信工具来实现，如广播系统、手机短信等。

2. 信息沟通应该是清晰明确的

当突发事件发生时，师生可能处于紧张和焦虑的状态。因此，在向他们传递关键信息时，信息应该以简洁、明了的方式呈现。冗长和模糊的信息可能会导致误解和混乱，从而影响应对策略的执行。因此，教师和管理人员应该避免使用过于复杂的术语或信息。

3. 信息沟通应该是双向的

在突发事件处理中，师生之间的信息交流是至关重要的。教师和管理人员应该积极倾听师生的意见和反馈，并及时回应。这种双向的信息沟通能够帮助教师了解师生的需求和担忧，并根据情况进行相应的调整和应对。

4. 信息沟通应该保护个人隐私和敏感信息

在处理班级突发事件时，教师和学校管理人员需要保护师生的隐私。敏感信息和个人隐私应该保密，并只在必要的情况下才可与相关人员共享。这种保护隐私的做法能够增强师生的信任和安全感。

总之，信息沟通是应对班级突发事件中不可或缺的一环。它需要快速、准确、清晰和双向传达信息，并保护个人隐私和敏感信息。教师和学校管理人员应该重视信息沟通的重要性，并根据突发事件的具体情况灵活调整沟通

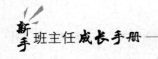

策略。这样才能确保师生在突发事件中能够迅速、有效地做出应对，确保他们的安全。

三、班级各类突发事件应对

（一）突发疾病事件的处理

突发疾病事件是指在班级中突然出现的传染性或非传染性疾病的发生和传播。这些事件可能对学生和教职员工的健康和安全造成威胁，因此需要采取及时有效的措施来处理。

1. 对于突发疾病事件的处理，快速响应是至关重要的

学校应建立一个健康监测系统，定期检查学生和教职员工的身体状况，及时发现和报告任何异常情况。一旦有人出现了疑似传染病的症状，学校应立即采取隔离措施，将患者与其他人员分开，以避免疾病的传播。

2. 组织协调是处理突发疾病事件的关键

学校应成立一个专门的应急小组，负责协调各个部门的工作，确保每个环节的顺利进行。该小组应及时向教职员工和学生提供准确的应对信息，并组织相关培训以提高他们的应对能力。此外，学校还应与当地卫生部门建立紧密联系，共享信息并寻求专业建议。

信息沟通也是处理突发疾病事件的重要原则。学校应建立起一个完善的信息通道，及时向学生、家长和教职员工传达有关突发疾病事件的信息。可以通过手机短信、电子邮件、网站公告等多种方式进行。同时，学校应向学生和家长提供必要的健康教育，教导他们如何防止疾病的传播，增强自我保护能力。

在处理突发疾病事件时，学校需要与当地卫生部门密切合作，并遵循他们的指导和建议。卫生部门可以提供传染病控制方面的专业知识和技术支持，协助学校制定应对策略和措施。同时，学校还应与医院合作，确保及时获得医疗资源和支持。

综上所述，突发疾病事件的处理需要快速响应、组织协调和信息沟通等原则的支持。学校应建立健康监测系统，成立应急小组，与当地卫生部门和医院密切合作，以及向学生和家长提供健康教育。通过这些措施，学校可以及时应对和控制突发疾病事件的发生和传播，保障全体师生的健康与安全。

（二）突发火灾事件的应对策略

在班级中，突发火灾事件是一种令人担忧的紧急情况。为了保护学生和教职员工的安全，班级应该制定有效的应对策略。下文将探讨针对突发火灾事件的应对策略，以确保全体成员能够及时、安全地脱离危险。

班级应建立健全的火灾预防措施。这包括定期检查灭火器和疏散通道的状态，确保其正常可用。还应定期组织火灾安全演练，让学生和教职员工熟悉火灾发生时的应对步骤。此外，班级应提供教育培训，教授正确的火灾逃生技巧和自救方法。

当火灾突发时，快速响应是关键。班级应建立火灾报警系统，并确保每个成员都了解该系统的操作方法和报警信号的含义。一旦触发火灾报警器，学生和教职员工应立即进行疏散，并按照预定的逃生路线有序撤离。班级应确定逃生集合点，并确保所有成员到达安全地点后进行人数核对。

组织协调原则在火灾事件中也非常重要。班级应指定责任人员负责组织疏散和应急救援工作。这些责任人员应接受过相关培训，并能够迅速采取行动。他们需要与校园安全部门和消防部门保持密切联系，及时报告火灾情况，并请求支持和协助。

信息沟通是确保火灾应对有效的另一个关键要素。班级应建立健全的通信系统，确保各个成员能够及时接收到关于火灾情况和应对措施的信息，可以使用手机短信、广播通知或其他合适的渠道进行信息传达。同时，班级还应向学校和家长提供清晰明确的沟通渠道，及时向他们报告火灾情况和学生的安全状况。

为了有效处理班级突发火灾事件，班级应采取综合的应对策略，包括预防措施的制定、快速响应、组织协调和信息沟通。通过正确的应对策略和充分准备，班级可以在火灾事件发生时保护和救助每一位成员，最大限度地减少人员伤亡和财产损失。

在未来,随着科技的进步,班级突发火灾事件的应对策略可能会得到进一步改善。例如,可以利用智能化系统来监测火灾风险并提供实时警报。同时,培养学生和教职员工的火灾安全意识也是需要持续推进的重要任务。通过不断改进和完善应对策略,我们可以更好地保护班级成员的安全,提高灾害应对的效率。

总之,班级突发火灾事件需要全面而协调的应对策略。通过预防、快速响应、组织协调和信息沟通,班级可以在火灾发生时保护每一位成员的安全。随着技术的发展和安全意识的提高,相信在未来我们能够更好地应对班级突发火灾事件,并最大限度地降低损失。

(三)突发冲突事件的解决方法

突发冲突事件是班级管理中一种常见的问题,它可能涉及学生之间的争吵、打架、欺凌等各种挑衅行为。解决这些冲突事件对于维护班级秩序、促进学生发展至关重要。下面将讨论一些有效的解决方法。

1. 及时干预和调解

当发生冲突事件时,班主任或相关教师应立即注意到并介入调解。班主任需要冷静地进行分析,了解双方争执的原因,并采取合适的方法解决问题。这可能包括分别与双方进行私下交流,倾听他们的意见并尝试找到妥协点。在解决冲突的过程中,教师应该保持公正和中立,同时引导学生学会沟通和解决问题。

2. 培养学生的情绪管理能力

冲突事件通常伴随着强烈的情绪反应,如果学生没有有效的情绪管理能力,冲突可能会进一步升级。因此,班级管理者应该通过教育训练帮助学生提高情绪识别和调控的能力。例如,可以开展一些情绪管理训练课程,教导学生如何平静地表达自己的情感,并寻找解决问题的有效途径。培养良好的情绪管理能力,可以减少冲突事件的发生和升级。

3. 加强班级文化建设

班级文化对于冲突事件的预防和解决至关重要。一个积极向上、团结和互助的班级文化可以提高学生的归属感和责任感,减少冲突事件的发生。班级管理者可以通过组织各种班级活动，培养学生之间的友谊和合作精神来塑造积极的班级文化。此外，班级管理者还可以制定一些班规，明确学生间相处的规范和原则，以避免冲突的发生。

综上所述，解决突发冲突事件需要及时干预和调解，培养学生的情绪管理能力以及加强班级文化建设。这些解决方法将有助于提高班级管理的效果，维护良好的班级秩序，并促进学生的健康成长。班级管理者和教师应该密切关注学生的冲突情况，并运用合适的方法解决问题，以营造和谐的学习环境。

四、班级突发事件案例分析

（一）学生打架

1. 事件描述

在某一天的中午休息时间，初三（1）班的两个学生小明和小杰在操场上发生了争执。原因是小明无意中踩到了小杰的脚，引发了小杰的不满情绪，双方随即爆发了肢体冲突。其他同学纷纷围观并加入打架的行列中。

2. 班主任处理方式

班主任李老师迅速赶到现场，第一时间将其他同学劝离，确保他们的安全。随后，李老师冷静地分开了打架的小明和小杰，并迅速组织了学校的安全教育小组前来处理此事。在教育小组的指导下，李老师与两个学生进行了面对面的谈话，倾听他们的意见和情绪，并帮助他们理清了事情的原委。李老师还向他们解释了打架行为的严重性以及对自己和对方的伤害，并告诫他们不能再采用暴力解决问题。

3. 事件处理后的结果

经过班主任和安全教育小组的处理，小明和小杰都意识到了他们的错误，并表示愿意向对方道歉和和解。他们互相握手，并保证今后不再发生类似的冲突。其他同学也从这件事中认识到了暴力解决问题的后果，并表示以后会更加注重自己的言行举止。

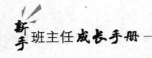
4. 班主任的反思

李老师事后反思自己在平时的德育工作中存在疏漏，导致学生在处理冲突时没有掌握正确的方式。她决定多组织一些班级的集体活动，增加学生之间的交流与合作，培养他们的友善意识和团队意识，以此减少冲突的发生。李老师还决定定期组织班会，让学生分享自己在处理冲突中的经验和教训，共同提高班级学生的整体素质。

（二）学生意外受伤

1. 事件描述

在体育课上，初二（3）班的学生小红意外摔倒，导致手腕骨折。她在跳远时失去平衡，不慎跌倒在地。其他同学吓得目瞪口呆，不知如何应对。

2. 班主任处理方式

班主任王老师立即向体育老师报告了事故，并叫来了学校医务室的工作人员。她安抚了受伤的小红，并让其他同学迅速离开现场，以免拥堵影响医务人员的救治。王老师还主动联系了小红的家长，告知他们事故的情况，并在医务室等候家长的到来。

3. 事件处理后的结果

小红的家长迅速赶到学校，并陪同她去医院进行进一步的治疗。经过医生的诊断，小红的手腕骨折并没有太大的问题，只需佩戴石膏固定即可。在经历了这次意外后，小红和其他同学更加重视体育课上的安全问题，注意自己的动作和平衡，避免再次发生类似的意外。

4. 班主任的反思

王老师反思自己在体育课上对学生的安全教育做得不够充分。她决定与体育老师加强合作，增加安全知识的学习和实践，确保学生在体育活动中的安全。王老师还决定在班级的通知栏上张贴一些体育安全小贴士，提醒学生在课堂上和课外活动中要注意自己的安全。

（三）学生自杀未遂

1. 事件描述

初一（5）班的学生小明在一次期中考试后，因成绩不理想和家长的压力而产生了极度的自卑和绝望情绪。他晚上一个人躲在厕所内，试图用剪刀割腕自杀。幸好被其他同学及时发现并报告了班主任。

2. 班主任处理方式

班主任张老师接到报告后，立即前往厕所并将其他同学安抚好，避免他们过度恐慌。她劝说小明打开厕所的门，并与他进行了一次深入的谈话，倾听他的内心痛苦和压力来源。张老师并没有妄自下结论，而是冷静地安慰和鼓励小明，告诉他成绩并不是衡量一个人价值的唯一标准，并提出了一些学习方法和心理调适的建议。随后，张老师联系了学校的心理辅导老师，并将小明的情况详细汇报给他们。

3. 事件处理后的结果

学校的心理辅导老师与小明进行了多次的心理疏导，帮助他缓解了自卑和绝望情绪。同时，张老师与小明的家长进行了深入的交流，让他们了解到孩子的压力来源，并提供了一些建议和帮助，让他们更加关注孩子的身心健康。小明也逐渐走出了低谷，重新找回了自信，并在班级中得到了同学的关心和帮助。

4. 班主任的反思

张老师反思自己在平时的班级管理中没有注意到小明的压力和情绪波动。她决定加强对学生的观察和关注，及时发现类似情况，并及时采取相应的措施。张老师还决定组织学生参加一些心理健康教育的活动，提高他们的情绪管理和应对压力的能力。

（四）学生家庭变故导致学生情绪波动

1. 事件描述

初三（2）班的学生小芳家里发生了一件不幸的事情，父母因车祸去世，她成了孤儿。小芳一时间陷入了深深的悲痛和无助之中，情绪非常低落。

2. 班主任处理方式

班主任刘老师得知这一消息后，立即与学校的心理咨询师取得联系，并请他们前来协助处理。刘老师亲自去医院探望了小芳，并带她回家帮助她整理家务和处理家庭事宜。在小芳情绪稍微稳定后，刘老师带她去心理咨询室

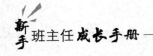

进行深入的心理疏导,让她有机会倾诉内心的痛苦和无助。刘老师还组织了全班同学为小芳筹款,并给予她关心和支持。

3. 事件处理后的结果

小芳逐渐走出了阴影,她感受到了班级和学校的温暖,重新找回了生活的勇气。学校的心理咨询师与她进行了一段时间的心理疏导,帮助她重建信心和面对生活的挑战。小芳在班级中也得到了同学的关心和支持,她感受到了集体的力量,重新融入了班级的大家庭。

4. 班主任的反思

刘老师反思自己在平时的班级管理中是否关注到了学生的家庭情况和动态。她决定加强与学生家长的沟通,及时了解学生家庭变故的情况,并与心理咨询师建立更紧密的合作关系,在处理类似情况时能够给予更及时和有效的帮助。刘老师还决定在班级中开展一些关于家庭和友情的主题班会,增强学生的家庭观念和团结意识。

(五)学生早恋

1. 事件描述

初一(7)班的学生小明和小红在课间休息时间经常在教室里亲热,引起了其他同学的注意和议论。他们经常不顾老师的劝阻,继续进行着亲密的行为。

2. 班主任处理方式

班主任陈老师发现了小明和小红的亲热行为后,立即找到他们进行了一次严肃的谈话。陈老师向他们解释了早恋的危害和对学习的影响,告诉他们现阶段应该以学习为重。陈老师还联系了学校的心理辅导老师,让他们与小明和小红进行进一步的心理疏导和教育。同时,陈老师还与他们的家长进行了交流,让他们了解到孩子早恋的情况,并共同商讨解决方案。

3. 事件处理后的结果

经过多次的谈话和心理疏导,小明和小红逐渐意识到自己的错误,并表示愿意放弃早恋,专心学习。学校的心理辅导老师还与他们一起制订了学习计划,并提供了一些学习方法和技巧。小明和小红的家长也认识到了问题的严重性，并加强了对孩子的教育和监督。

4. 班主任的反思

陈老师反思自己在班级管理中存在的疏漏，并决定进一步加强班级的管理，提高自己的教育水平和专业能力，以更好地引导学生的成长。陈老师还决定加强与学生家长的沟通，让他们了解到早恋的危害，并共同努力帮助孩子摆脱早恋的困境。

五、结论和建议

（一）总结班级突发事件应对的经验

在处理班级突发事件时，紧急应对策略起着很重要的作用。通过对相关文献的研究和实际案例的分析，我们可以总结出一些宝贵的经验，以帮助教育机构更好地应对班级突发事件。

1. 要建立健全的应急预案和团队

教育机构应该制订并完善班级突发事件应对的详细预案，包括预防、处置和恢复阶段的具体措施。同时，应成立应急处理团队，包括校领导、教师、保安人员等，确保在突发事件发生时可以迅速行动。

2. 快速响应原则是应对班级突发事件的关键

教育机构需要建立起快速响应机制，以确保在短时间内能够做出正确的决策和措施。这需要教育机构相关部门和人员在平时进行充分的培训和演练，提高应对突发事件的应变能力。

另外，组织协调原则也是成功应对班级突发事件的重要原则之一。教育机构应该建立起密切的内部沟通机制，确保各部门之间的协作和信息畅通。此外，与外部相关机构的联系和合作也非常重要。例如与医院、消防部门等建立紧密的合作关系，以获得更多的支持和资源。

信息沟通原则也是应对班级突发事件中不可或缺的一环。在突发事件发生时，及时传递准确的信息给教职工、学生和家长非常重要。教育机构应该建立高效的信息发布渠道，如学校网站、微信群、短信通知等，同时要保持信息的透明度和真实性，以减少不必要的恐慌和误解。

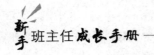

总之，应对班级突发事件需要教育机构充分认识到其重要性，并制定科学合理的应急预案。紧急应对策略包括快速响应、组织协调和信息沟通原则，可以帮助教育机构更好地应对突发事件。通过总结经验并不断改进，提高应对能力，保障学生和工作人员的安全，为校园稳定和谐的发展做出贡献。

（二）提出班级突发事件应对的建议

随着社会的发展，班级突发事件的发生频率日益增加，如何有效地应对和处理这些突发事件成了教育亟须解决的问题。基于此，下面将提出一些班级突发事件应对的建议，以帮助学校和教师更好地应对和处理这些突发事件。

1. 加强突发事件应对的培训和演练

班级突发事件的应对需要专业知识和技能的支持，因此，学校和教师应定期组织相关的培训和演练活动，让教师能够熟悉应对突发事件的流程和方法，提高应对能力。

2. 建立健全的应急预案

针对不同类型的班级突发事件，学校应制定相应的应急预案，明确各项工作职责和流程，确保在突发事件发生时能够迅速、有序地展开应对工作。

3. 增强危机意识和应变能力

教师应加强危机意识的培养，提高应对突发事件的应变能力。在平时的教育教学过程中，教师应注重培养学生的安全意识和应对能力，教授必要的应急知识和技能，并定期举行相关的演练，提高学生的抗压能力和自救能力。

4. 加强与家长的沟通与合作

遇到突发事件发生时，要及时与学生家长进行沟通和合作。学校和教师应建立有效的沟通机制，及时将事件情况告知家长，并与家长共同商讨应对策略，共同保障学生的安全。

5. 制订应对措施的多样化

针对不同类型的班级突发事件，学校和教师应制定多样化的应对措施。

例如，对于突发疾病事件，可以建立健全的医疗急救制度；对于突发火灾事件，可以加强消防安全教育和设备设施的维护，同时组织学生进行火灾逃生演练；对于突发冲突事件，可以加强学生的心理健康教育，提高学生的情绪管理和沟通能力。

通过以上的建议，学校和教师可以提高班级突发事件应对的能力，更好地保障学生的安全和健康。未来，随着社会的不断发展和变化，班级突发事件的类型和形式也将不断演变，学校和教师需要不断更新应对策略，并与时俱进，才能更好地应对未来班级突发事件的挑战。

（三）展望未来班级突发事件的发展趋势

随着社会的不断变化和进步，班级突发事件的形式和发展趋势也在发生改变。在未来，我们可以预见以下几个方面的发展趋势。

第一，随着科技的发展和智能化的进步，班级突发事件的应对将更加依赖于信息技术和人工智能的应用。例如，学校可以利用智能监控系统，及时监测和预测潜在的突发事件，并快速做出响应。同时，人工智能技术的支持，可以更加精确地分析和评估突发事件的风险等级，为应对策略的制定提供科学依据。

第二，班级突发事件的应对也将更加注重预防和培训。在未来，学校和教育机构将积极加强学生和教师对突发事件的预防意识和应对能力的培养，包括火灾应急演练、急救技能培训等。加强预防和培训，可以最大限度地减少突发事件的发生，并提高师生的应对能力和适应能力。

第三，班级突发事件的应对将更加注重社会协同和资源整合。未来，学校和教育机构将更加注重与社会各方合作，建立紧密的协同机制。在突发事件发生时，可以及时调动社会资源和力量，共同应对。这种社会协同的应对模式可以更好地提高应对效率和响应速度，保障师生的安全。

第四，在面对未来的班级突发事件时，心理疏导和心理健康支持也将得到更大的重视。突发事件对师生的心理影响不可忽视，未来学校将加强心理健康教育和心理支持措施的建设，为受到突发事件影响的个体提供必要的心理疏导和支持，帮助其尽快恢复正常状态。

第五，随着社会的发展，班级突发事件的种类和形式也将不断涌现。因此，学校和教育机构需要不断提升应对能力和适应能力，及时调整和更新应对策略，以应对不断变化的突发事件形势。

综上所述，未来班级突发事件的发展趋势将更加智能化、注重预防和培训、强调社会协同、关注心理健康支持，并需要及时应对新型突发事件的挑战。只有提高应对能力和适应能力，学校和教育机构才能更好地应对班级突发事件，保障师生的安全和健康。

第二节 教育预防：
对突发事件的了解、预防及案例

深圳高级中学（集团）北校区 范葳

班级突发事件，是指在校园内突然发生的，造成或者可能造成严重社会危害，影响着学生的安全和正常生活、学习，需要采取应急处置措施予以应对的事故灾难和社会安全事件。在初中阶段，学生身体、心理都发生了较大的变化，致使其行为表现出不稳定、多变的特点，再融合学生所在家庭、学校、社会方面的客观因素，这些都有可能成为突发事件的诱因。因此，初中阶段的突发事件往往具有偶然性和随机性，在事件发生之前，班主任很难预料事件的时间、地点、形式、原因和影响程度。如若处理不慎，也会扩大负面影响的范围。而初中生处于身心发展的关键期，大多不具备理性且客观地分析问题的意识，也习惯于向老师和家长掩饰情绪和内心想法，这也给处理突发事件增加了难度。

一、班级突发事件的特点及类型

一般来说，班主任遇见的比较棘手的班级突发事件主要有以下几种类型：学生与学生之间的负面冲突（如发生口角、盗窃财物、校园暴力等），教师与学生之间的负面冲突（如语言顶撞、故意刁难、恶作剧等），亲子间的负面冲突（如家庭暴力、家庭变故、亲子矛盾等），家庭与学校之间的负

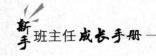

面冲突（如投诉事件），以及其他类型（如网络危机、意外受伤等）。面对这些多数难以预见的突发事件，班主任应如何应对？扁鹊三兄弟的故事可以给我们以启发。

扁鹊在与魏子五的对话中这样描述兄弟三人的医术："我大哥治病，是治病于病情发作之前。由于一般人不知道他率先能铲除病因，所以他的名气无法传出去，只有我们家的人才知道。我二哥治病，是治病于病情初起之时。一般人以为他只能治轻微的小病，所以他的名气只限于本乡里。而我扁鹊治病，是治病于病情严重之时。一般人都看到我在经脉上穿针管来放血、在皮肤上敷药等大手术，所以以为我的医术高明，名气因此响遍全国。"

高明者不见得一定名声显赫。比较起来，能防患于未然是最高明的，往往正因防范在前，不会出现恶果，使事物保持了原态，没有明显的功绩而被忽略。扁鹊三兄弟的故事告诉我们，管理之道在于防，班主任可以采用"长兄治病"那样的预防管理模式，防患于未然。班主任作为班级的直接管理者，作为学生健康成长的指导者和引路人，应更好地在预防和应对突发事件的工作中发挥重要作用。而前期建立科学的预警机制，能帮助班主任发现一些潜藏的问题和危机，从而有效预防突发事件的发生。在应对突发事件的时候，则需要像扁鹊那样临危不乱，沉着冷静，及时治理，果断处置，争取把危险和负面影响降到最低。

二、树立危机意识，了解学生心理

班主任需要树立正确的危机意识，来有效预防突发事件和降低突发事件带来的风险。

由于突发事件具有偶然性和随机性，班主任首先需要提高学生的安全意识，培养学生的文明习惯，主要考虑以下三点：

（1）班主任要认真贯彻落实学校的安全管理制度，并结合班级实际情况制定相应的安全纪律细则，以规范和约束学生课外活动的行为，从思想上杜绝安全隐患的发生。

（2）熟悉班级同学喜欢的游戏、体育活动，通过班会、体育课等形式，班主任需告知学生这些活动中可能存在的危险性，教育学生在活动中避免受伤的办法，帮助学生养成使用体育器材时检查其安全可靠性的习惯。

（3）组织班干部每天检查教室、宿舍内电器设备，一经发现存在的安全隐患，应及时上报维修。

除了提高学生的安全意识，避免学生在身体上受到突发性的伤害，班主任还需要关心学生的心理状态。初中生正处于叛逆期，如果不良情绪得不到缓解，就容易产生心理失衡的问题，造成人际关系的冲突，引发突发事件。因此，班主任还需更加细致且有重点地关注学生心理动态，打破传统教育模式下学生与老师之间的壁垒，注重与学生之间的沟通，提高师生信任度。为解决这一问题，班主任在班级日常管理过程中，可以组建班级微信群、QQ群，便于掌握班级动向；尽量秉持宽严并济的原则，在习惯上对学生严格要求的同时，对学生多给予关注和爱心。班主任可以定期找学生谈心，了解学生的思想动态、近期出现的问题及心理波动。班主任还可以寻求学校心理中心的帮助，配合心理老师给学生建立心理档案，记录情况，为后期心理辅导提供参考。这也方便班主任在突发事件发生后，及时依据学生的心理情况对其进行安抚，避免突发事件给学生造成心灵冲击，对其学习和生活状态造成不利的影响。班主任还可以适当在班级中开展集体性的娱乐活动，营造轻松、愉快、和谐的班级氛围，有利于缓解学生各方面的精神压力。

对于个别学生可能做出的极端行为，在预防工作中，班主任需要多关注班里性格内向、人际关系紧张、家庭有特殊困难的学生，他们的心理相对比较敏感脆弱，情绪调控能力相对较弱，容易产生心理问题。特别是在受到了批评、和同学发生了摩擦以后，班主任应密切关注他们的情绪变化，积极主动地做好抚慰工作。对于班上这类学生，班主任需要进行深入了解，要做到心中有数，这会为日后的班级管理打下坚实的基础，不至于在突发事件发生时慌乱无措。对于个别心理严重异常的学生，要及时委婉地告知家长，可以谈到学生近期在学校的行为表现，并提出合理化的建议。

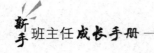

三、明确责任分属，提高应变能力

突发事件的发生具有很强的不确定性，一旦出现就必须紧急处理，作为班主任需要做出快速反应。所以班主任要提前明确责任分属，制定应急管理机制，同时不断学习理论知识和借鉴经验，提高自己的应变能力。

班主任虽然是班级的直接管理者，但无法全天待在班里看管学生，老师和学生之间也无法做到像与同龄人相处那般无话不谈，所以学生最真实的一面，往往班里的同学了解得更清楚。班主任可以通过学生来了解学生，根据班级学生的性格特点、人际关系等实际情况，制定班级突发事件预警机制。

首先，班主任应利用好班会阵地，对学生进行思想上的教育，培养学生对自己负责的观念，遇到问题要积极主动且有效地寻求帮助；组织有益的班级活动，让所有学生都参与进来，既锻炼身体又愉悦身心，创建学生之间互相帮助、互相友爱的心理氛围；还可以用心开展班级文化建设，通过悬挂标语、班级板报、每日一言等形式营造和谐温馨的班级环境，这样在突发事件发生的时候，不至于其他同学都置身事外，只有班主任一个人在孤军作战，而是每个同学都有自己的职责，或制止，或干预，或安抚，或向老师汇报等。

其次，班主任可以通过每日班情反馈报告来了解班级情况。学生轮流担任值日班长，记录每天的班级情况，内容包括考勤、卫生、作业提交、课堂纪律、课间情况、班情总结等，每日放学前由值日班长向全班同学汇报。通过学生对学生的观察和记录，班主任可以了解班级动向，在每日班情反馈中发现异常，争取将危机事件的萌芽扼杀在摇篮中。

最后，班主任还可以寻求学校心理中心的帮助。班主任在平时要多学习心理辅导的理论知识和方法，但对心理问题较严重的学生，班主任无法代替专业的心理医生，需要寻求心理老师对其进行专业的心理疏导，或建议家长带孩子咨询心理医生，来缓解学生的精神压力。

为了有效预防突发事件和降低突发事件带来的负面影响，班主任还要树立终身学习的意识，多借鉴经验，总结方法，提高自己的应变能力。只有前期准备工作做得充足，在突发事件发生的时候才能沉着应变，这就要求班主任要将平时的琐碎工作落到实处，不要抱有侥幸心理。例如，班主任在开学初就要收集和保留学生家长双方的联系方式，以及学生的家庭住址，避免出现突发事件发生时家长的电话打不通或父母某一方联系不上的情况。所以，班主任有效应对这种问题的方法之一就是要做到不抱侥幸心理，同时在行动上要将事情落到实处，平时的异常情况要及时记录在册，这样即使出现突发事件也可以及时有效地处理。

心中有数，行之有方

——班级偶发事件处理案例

深圳高级中学（集团）北校区　周彤

在日常的班级管理中，每个班主任应该都经历过扰乱心态的事件，可能是学生间的矛盾、师生间的误会，还可能是家校沟通的困惑等等。作为班主任，面对这些偶发事件，首先要让自己冷静下来，沉着思考后，理性介入，做到"心中有数，行之有方"，并且借助多方力量共同解决。

前段时间，我所带的班级就发生了一件学生与另一位学生家长发信息争吵的事件。那是一个周五的早晨，我刚准备出门上班，手机就连续震动了好几次，打开微信一看，是班里学生小雨的妈妈发来了好几条信息和微信对话截图，我还没有阅读内容就注意到了这几条信息中有大量的问号和感叹号，心里便一惊："看来事情非常严重。"我仔细看了信息和微信截图后，初步了解到，班里另一位学生琦琦用家长的手机给小雨的妈妈发了一条很长的短信，信息中主要阐述了她与小雨间的矛盾，但有一句话提道："你家小雨每次练习都是班里倒数，到底是谁影响谁还不一定呢。"琦琦对小雨学习的

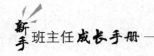

评价让小雨的妈妈非常生气，发给我的信息中才出现了大量表达情绪的问号和感叹号。而这句话中的"谁影响谁还不一定呢"让我意识到这件事还有前因，不能仅凭小雨妈妈片段式的截图就对琦琦进行批评教育，不管发生什么事情，都要先找到当事人，了解事情的全貌。

一、先听"当事人"自己说

当天上午，我就找了琦琦询问最近有没有跟同学发生矛盾，她直接向我讲述了短信背后的故事。

琦琦和小雨上学期被分到了同个学习小组，琦琦作为小组长对性格内向的小雨多有照顾，但后来小雨的一些行为让琦琦感到非常不舒服。琦琦发现每次去洗手间的时候小雨都会跟在她的后面，在洗手间门口探出半个身子偷偷看琦琦有没有出来；打水、回教室、放学、去音乐教室这些需要上下楼的活动，小雨会偷偷跟在琦琦的后面，被发现时又会立刻藏到墙的后面。琦琦主动找小雨表达了自己的想法，虽未得到小雨的解释，但上学期没有再发生类似的事情。

这学期开学后的几次体育课练习长跑，琦琦发现自己停下来休息的时候小雨也会停下来，自己开始跑的时候小雨也开始跑，最让琦琦"毛骨悚然"的是昨天放学后，她走到教室后门时鞋带松了蹲下来系，瞥见小雨背着书包从旁边走出了教室，琦琦系好鞋带后一抬头就看到小雨在楼梯口的拐角探出半个身子往教室后门看，俩人目光一对上，小雨就"闪进"了楼梯间，琦琦瞬间就产生了自己被"偷窥"的可怕感受，回家后就跟妈妈聊了这件事。琦琦妈妈听后开导琦琦不要想太多，应该更专注于自己的事情，但听了女儿讲述上学期的情况后，就决定给小雨妈妈发微信，意在家长间取得沟通，一起想办法帮助两个孩子解决人际相处的问题。但小雨妈妈收到微信后认为琦琦污蔑小雨，言辞尖锐地回复了信息，琦琦晚上用妈妈的手机提交口语作业时看到了信息，怒火中烧的她就带着情绪回复了消息，也就是小雨妈妈截图给我的那条信息。我没有看到琦琦口中小雨妈妈"尖锐"的语言，但从小雨妈妈只向我展示一部分聊天记录的行为来推测，琦琦应该没有夸大事实。

二、抓住解决问题、进行教育的机会

虽然事情的全貌还未完全浮出水面，但当时便可以解决的问题是琦琦与小雨间的交友困惑，我便对琦琦说道："这个事情老师大概清楚原委了，你最希望解决的问题是小雨对你的'跟踪'。老师要先为你上学期的处理方式点赞，能够主动找小雨表达你的不喜欢和想法，人与人的相处总会产生矛盾，很多时候只要能谈开就能解决。当时小雨没有跟你解释过她做这些行为的原因，不过我们可以换个角度考虑，你认为小雨的这些行为存有的善意更多还是恶意更多呢？"

琦琦思考了一会说："她应该是存有善意更多吧。我知道她胆子小，性格内向，当时我们一个小组我跟她交流比其他同学跟她交流的多一些，她可能想跟我做朋友吧，只是不知道该怎样表达。"

"老师知道小雨的这些行为让你很不适，但现在想想看，她并未存有恶意，所以我们完全可以不用在意这些本没有恶意的行为，且在你找她沟通后，她也疏远了你。再来分析长跑这件事，其实老师在课间操的时候就观察过，你和小雨两个人都是跑在队伍比较靠后的位置，说明你俩的跑步节奏比较相近。那么在800米测试时，掉出了大部队的你希望自己成为最后一个到终点的人吗？如果你身边还有一个掉队的人跑累了走一走，你会不会也想停下来走走稍做休息呢？"我将问题抛给了琦琦。

"嗯……可能……我也会有点侥幸的心态吧，一起偷个懒，只要不垫底就行。"

"所以我们换个角度看待这些事情，你还会觉得小雨在'跟踪'你吗？如果昨天小雨回头看你的事情发生在我们俩聊过这些事之后，你会怎样处理呢？"我继续问。

琦琦摇了摇头，回答道："老师听您分析，就算她真的'跟踪'我，其实也没我想象的那么吓人，如果是今天发生，我可能会直接去问问她是不是有什么事找我，或者不在意吧。"

听琦琦这么说后，我放下心来，今后她再遇到此类事情，应该会调整好自己的心态并妥善解决了。但她昨天偷偷用妈妈手机回怼小雨妈妈并用成绩的高低评价小雨确实不妥，接下来我就要引导她认识到自己处理不当的地方："琦琦，老师真的很欣慰，你能够这么快就提出了解决自己遇到的困扰的方法。不过老师还希望你再想想，为什么你妈妈看到了小雨妈妈的信息后，并没有像你一样'怼'回去呢？"

"老师你看到她给我妈妈发的信息了吗？那些话真的太过分了！她说我上学期背叛小雨，说我自作多情，因为做了亏心事心里有鬼才格外关注小雨，说我这种疑神疑鬼的心态影响小雨的学习。"琦琦有些激动："我妈妈发的消息都是商量的口吻，甚至看到她回复的那条信息后，我妈妈还是态度很好的回复了'小雨妈妈，你不要误会，我没有指责小雨的意思，想我们家长应该互相沟通，互相帮助孩子们解决这些问题。'我真的气不过，凭什么都是大人，我妈妈就要情绪稳定地去承受她的一通输出呢？"

"所以你非常生气地回复消息后，有没有彻底解决你和小雨之间的问题呢？"琦琦没有回答，我继续说道："你妈妈非常有智慧，她看到那个信息肯定也不开心，谁也不愿意看到别人说自己的孩子不好，但她选择了安抚小雨妈妈的情绪，因为一旦双方吵起来不仅解决不了你的困惑，反而会让局面变得更加复杂。老师可以理解当你看到消息后感觉妈妈受了委屈要为妈妈出头，但并不代表老师认可你的这个做法，你可以找你妈妈聊一聊看看她是怎么想的，或者找我倾诉帮忙解决。"

"老师，还有一件事，我在信息里提了小雨成绩不好的事情，不知道她自己有没有看到信息，老师您帮我跟她解释一下可以吗？我没有看不起她的意思，当时太生气了口不择言，小雨还是有很多优点的，她字写得好、唱歌也很好听，只是我们俩真的做不来朋友。"我还没有提到这件最让小雨妈妈"破防"的事情，琦琦就主动跟我讲了她的想法。

"没问题，这件事老师帮你解释。不过希望今后你遇到事情，也能像你妈妈一样冷静下来，再决定怎么走下一步。"琦琦点了点头回了班。

三、进行家长情绪疏导

小雨不一定知道琦琦和自己妈妈之间的纷争，所以我中午直接联系了小雨妈妈。经过一上午的冷静，小雨妈妈的情绪和语气平稳了许多，她主动给我截图了前一晚她们所有的微信对话，并承认自己最开始的回信确实言辞过于尖锐，在看到琦琦妈妈后来的回复之后也为自己的冲动感到后悔。

另外，在沟通过程中，我了解到小雨并不知道琦琦发过蔑视她学习成绩的信息，对这句话耿耿于怀的是小雨妈妈，所以应该先疏导家长的情绪。我给小雨妈妈讲述了琦琦对这件事的解释以及对小雨闪光点的肯定后，她也表示可以理解琦琦当时的冲动。最后，我们达成共识不把这件事告诉小雨，家校双方共同配合，在生活、学习中多鼓励小雨，为孩子建立自信，引导孩子主动大胆地与同伴交往。

至此，情绪激动的家长和学生已经平复，学生的困惑也有了不错的处理方法。我本以为这件事已经妥善处置了，但一波刚平一波又起，没想到小长假后事态出现了新的"危机"。

四、意料之外的一波三折

小长假收假的第一天早晨，我再次收到了小雨妈妈的微信。原来放假期间，拿到了手机的琦琦在学生群里发了条"有人想看小雨妈妈的不理智言论吗？"，一条信息让班群炸开了锅，就算班长在群里提醒"小雨在群里，不要说了"也阻挡不了同学们凑热闹的热情，纷纷发出吃瓜的表情包，直到群里的实习老师发出"家长行为不要牵扯到个人，大家都散了吧"之后，群内才停止了讨论。这次小雨妈妈是在事情发生了五天后，在冷静的状态下给我发来了信息，提出希望学校能够妥善处理的诉求。

虽然琦琦没有把之前聊天的内容发到群里，但公然对同学家长进行语言攻击的行为是不对的，在她私信了一些同学后，还会引发学生间的一波讨论，如果不加以引导，可能会导致小雨因为这件事而被其他同学"另眼相看"，再次受到伤害。

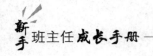

五、集体谈话，正向引导

我没有立刻找琦琦询问，而是先调查了班里都有哪些学生私信琦琦看过了聊天记录。我约着"吃瓜"的几位学生开了小型的座谈会，了解他们对这件事的看法，大部分学生都觉得小雨妈妈的言辞太尖锐才导致矛盾升级，有一位叫小贝的学生一开始没有发表看法，看到大家七嘴八舌地说完后才说："老师，我看完聊天记录后，能够理解琦琦和小雨妈妈间的纷争是由于太冲动，但琦琦确实不该在群里发攻击长辈的语言。"

很欣慰班里有能有这种公正的声音，于是我便趁热打铁，引导这几位"吃瓜群众"认识到如果是他们自己遇到此类纷争，一定不能发出来让其他人看笑话，旁观者不知事情的全貌，无法做出公正的评判，很多不实又片面的评价只会给无辜的人带来伤害。学生们认识到这件事中小雨并没有错，不该被其他人议论，这件事绝对不可以再次扩散，于是我要求这几位学生不得二次传播聊天记录，另外如果听到有人再议论此事，应该及时地站出来进行正面的引导。

我猜集体谈话后，这些学生会把我们谈话的内容告诉琦琦，果然接下来的下午琦琦数次躲开了我的目光，到了快放学时，我观察到琦琦在办公室门口徘徊了好几次，但还是没有走进来，我没有着急叫她进办公室，希望她能自己想清楚后再来找我。

之后我联系了琦琦妈妈告知她这件事情，让她晚上关注琦琦的状态。当天晚上琦琦妈妈就发来了消息，说琦琦主动向她坦白了在群里发信息的事情，并且与妈妈沟通后决定第二天让我陪着她向小雨道歉。

六、了解诉求，提供解决方案

小雨妈妈在信息中提出要琦琦在班里或在班群里向小雨公开道歉，家长的诉求合情合理，但我考虑到班级目前还有四分之三的学生并没有看到班群里的消息，如果突然公开组织一次道歉，会不会再次将此事闹大？于是我分别找了小雨本人和小雨妈妈，给她们提供了两个道歉的方案并分析了两种方案的利弊。

　　方案1：琦琦在班里或班群公开道歉。既然在公众场合做错了事，就应该公开道歉，对于小雨和家人来说这是他们最想要的方式，但可能会引起更多同学的关注，人多口杂，或许又会带来新的问题，对于本就内向的小雨来说，成为同学们讨论的焦点对她的身心发展并不是一件好事。

　　方案2：在年级长和班主任的见证下，琦琦向小雨道歉，两位学生进行深度的交流沟通，解决交友困惑。这种方式无法满足当事人的诉求，但可以避免新一轮"热度"可能会带来的伤害。分析完两个方案后，我问了她们两个问题："你希望这件事再引起大家的讨论吗？你希望其他同学今后在与你（小雨）相处时总会想起这件事吗？"

　　第二天，小雨找到我说她和妈妈讨论以后决定选择方案二，她不想让更多的人知道这件事了，毕竟一开始也是自己妈妈误会了琦琦妈妈的本意，最近几天上学每天都很煎熬，再闹下去自己完全无心学习，都不想来学校了。

七、沟通打开心结

　　下午我邀请了年级长，在会议室里，琦琦郑重地向小雨道了歉，小雨也向琦琦解释了之前令其误会的行为。两位学生深度交流后，放下了长久以来的心结，年级长从人际交往的角度对琦琦和小雨进行了循循善诱的辅导，整个过程既正式庄重又和谐轻松。在之后的日子里，我默默观察着琦琦和小雨，她们偶尔因为收发作业有了简单的交流。孩子的世界是单纯的，误会和心结打开了，正常的交往便能顺利进行。

八、遗憾与反思

　　李镇西老师说："把每一次突发事件化为有效的教育契机，需要教师拥有明察秋毫的教育敏感，情不自禁的教育本能和化险为夷的教育机智。"这次班级的偶发事件在一波三折中能够平稳解决，我认为离不开自己态度上的不逃避和积极应对，另外心理上做到了乐观面对，把麻烦看成教育机会。但是这件事也让我认识到了自己日常班级管理中的疏漏，如果我能再细心一

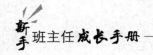

点观察学生，或许就可以及时发现琦琦和小雨间的小摩擦，如果我平时多与学生沟通情感方面的话题，或许孩子们遇到困惑时就会第一时间来找我倾诉。

班主任要看见学生的真实需求与成长，也要让学生看见自己的爱与教育，彼此信任的师生关系才能让班主任的"化事化人"工作妥善开展。

第五章

创意设计：灵活运用班会课设计

5

第一节　生命教育主题班会

　　古人云："水火有气而无生，草木有生而无知，禽兽有知而无义，人有气、有生、有知，亦且有义，故最为天下贵也。"生命，这是一个严肃的课题。生命从哪儿来，到哪儿去？生命的意义在哪里？我们如何看待自己的生命？……让我们去体验，去探索，去创造，在生活中立志与坚守、尽责与奉献，用自己的行动书写出一份出色的人生答卷。

　　生命教育篇下设生理健康教育（安全与健康）、心理健康教育（情绪管理、环境适应、调适压力、生命教育）。

　　安全板块主要有居家安全、校园安全、社会安全3个模块：居家安全模块重点掌握居家时如何防电防火、防盗防抢，以及如何应对突发事件等；校园安全模块重点掌握在校如何防止和应对校园暴力、疾病传染及其他意外；社会安全模块重点掌握交通安全、野外安全，学会如何应对自然灾害、暴力恐怖等。

　　身体健康模块重点掌握营养、运动、治疗等对健康的作用；心理健康模块重点掌握情绪管理、环境适应、压力缓解等方法。

　　生命教育主要内容是让学生在了解生命由来、生命成长、生命归宿的基础上，了解死亡现象、懂得临终关怀、学会向死而生，进而在理解生命的意义和价值的基础上成就幸福人生。

关爱身心，保持健康

深圳高级中学（集团）北校区 祁菲

健康是人类最宝贵的财富，身心健康对于学生的成长和发展至关重要。在当今社会，学生面临着学业压力、心理问题等多重挑战。为了帮助学生关注身心健康，并提供相关的知识和方法，开展关爱身心，保持健康的主题班会活动，旨在培养学生健康的生活态度和积极的心理状态。

【课时目标】

1. 通过探讨身心健康的重要性，介绍保护身心健康的方法和策略，学生能够树立正确的健康观念，培养积极向上的心态，增强自我保护意识和能力。

2. 以学生的实际需求为出发点和落脚点，学生能够认识到身心健康的重要性，了解保护身心健康的方法和途径，初步形成关爱身心，保持健康的意识。

【学情分析】

当前，学生面临着课业压力、心理问题等多重挑战，身心健康问题日益凸显。加强对中学生身心健康的教育和指导，提高学生的健康素养和自我保护能力，培养学生积极应对困难和挫折的心理品质，具有重要的现实意义和教育价值。

【教学方法】

情景模拟法、案例分析法。

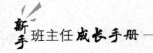

【活动设计】

（一）探索身心健康的重要性

1. 教师活动

在这个环节中，首先，教师选择一些生动的图片或视频，展示健康的身体和积极的心态。例如，展示运动健身的场景、快乐交流的场景、平静冥想的场景等，让学生感受到身心健康的美好状态。其次，教师向学生提出问题，让他们与同桌讨论并尝试回答：你认为什么是身心健康？在你看来，身心健康对我们的生活有何重要性？

2. 学生活动

学生与同桌进行讨论，尝试回答老师提出的问题，并分享自己对身心健康的认识和看法。

学生可以互相交流对身心健康的理解和体验。他们可以谈论身体方面的健康，如均衡饮食、适度运动、良好的睡眠等；也可以谈论心理方面的健康，如积极乐观的心态、良好的情绪管理等。学生还可以分享身心健康对个人幸福和成功的重要性的故事或经历。

设计意图：通过展示健康的身体和积极的心态，我希望激发学生对身心健康的思考和认识。通过与同桌的讨论，学生可以分享彼此对身心健康的理解和体验，从而互相启发和借鉴。同时，通过教师的总结，学生可以加深对身心健康重要性的认识。这个环节旨在引导学生认识到身心健康对个人幸福的重要性，并激发他们关注和维护自己的身心健康的意识。学生的参与和分享，可以形成积极向上的氛围，为后续的环节打下基础。

（二）保护身心健康的方法和策略

1. 教师活动

在这个环节中，教师介绍保护身心健康的方法和策略，如合理安排学习时间、科学饮食、适量运动、培养良好的人际关系等。首先，教师向学生详细介绍保护身心健康的方法和策略。例如，合理安排学习时间可以避免过度劳累和学习压力过大；科学饮食可以提供足够的营养，保持身体健康；适量运动可以增强体质，释放压力；培养良好的人际关系可以获得支持和情感满足。其次，教师鼓励学生分小组进行讨论，探讨自己认为的保护身心健康的方法和策略，并总结归纳出几个重要的方面。

2. 学生活动

学生根据老师提供的提示，分小组进行讨论，探讨自己认为的保护身心健康的方法和策略。他们可以分享自己的经验和观点，也可以从书籍、互联网等渠道获取相关信息。

在讨论过程中，学生可以互相补充和提问，共同探讨出更多的保护身心健康的方法和策略。每个小组选择一名代表进行汇报，其他同学可以补充或提问。

在各组进行讨论后，教师对各组的讨论结果进行总结，并强调保护身心健康需要多方面的努力和注意，引导学生认识到每个人都有责任和义务去保护自己的身心健康，并鼓励他们在日常生活中积极实践这些方法和策略。

设计意图：通过介绍保护身心健康的方法和策略，我希望激发学生对身心健康的思考和认识，并促使他们形成自己的观点和行动计划。通过小组讨论，学生可以分享彼此的经验和观点，从而互相启发和借鉴。这个环节旨在引导学生认识到保护身心健康需要多方面的努力和关注，并鼓励他们在日常生活中实践这些方法和策略。学生的参与和交流可以形成积极向上的氛围，为后续的环节打下基础。

（三）实践身心健康的行动计划

1. 教师活动

提供实践行动计划的模板，并解释如何制订一个具体可行的行动计划，包括目标设定、具体行动步骤、时间安排等。

2. 学生活动

学生独立思考并制订自己的身心健康行动计划，然后与同桌分享和讨论。

小结：鼓励学生分享自己的行动计划，可以选择其中几位同学进行展示，其他同学可以提出建议或评价。强调制订行动计划是实现身心健康目标的重要步骤。

设计意图：通过提供行动计划的模板和解释，我希望帮助学生理解并掌握制订具体可行的行动计划的方法。通过独立思考和与同桌的分享，学生可以深入思考自己的身心健康目标，并从中获得灵感和启发。这个环节旨在引导学生将身心健康的目标转化为具体可行的行动计划，培养学生制订计划、执行计划的能力。通过同桌的交流和互动，学生可以相互提供建议和支持，进一步完善和改进自己的计划。

（四）结束语

健康是我们最宝贵的财富，关爱身心，保持健康是我们每个人的责任和义务。通过本次主题班会的学习，我希望大家能够深刻认识到身心健康对于我们的生活和未来发展的重要性。

在面对学业压力、人际关系等种种困扰时，我们要学习正确的应对方式，保持积极向上的心态，增强自我保护的意识和能力。合理安排学习时间，科学饮食，适量运动，培养良好的人际关系，这些都是保护身心健康的重要方法和策略。每个人都应该制订一个具体可行的行动计划，将关爱身心，保持健康的理念贯彻到日常生活中。从小事做起，如睡眠充足、保持良好的卫生习惯、积极参与体育锻炼等，都可以为身心健康添砖加瓦。同时，我们要积极传播身心健康的理念，关心他人的身心健康，共同营造一个健康、幸福的环境。通过开展主题宣传活动、分享健康知识等方式，让更多的人了解到身心健康的重要性，共同践行关爱身心，保持健康的理念。

（五）作业设计

（1）根据制订的行动计划，学生在日常生活中落实并记录相关行动。可以每周进行一次反馈和总结，写下自己的感受和改进措施。

（2）以小组为单位开展关爱身心，保持健康的主题宣传活动，如举办健康知识讲座、制作宣传海报等。

（六）拓展空间

推荐阅读书目：《青春有你》《少有人走的路》；推荐观看电影：《大鱼海棠》《心灵捕手》。

生命教育——未知死，焉知生

深圳高级中学（集团）北校区　艾春花

　　古人言：死生亦大矣。人生在世，除了生死无大事。然而受中国传统文化和传统思想的影响，在现实生活中，我们将"死"看作洪水猛兽，避之不及，却忘记生老病死从来避无可避。由于各种原因，网上披露的青少年自杀案例此起彼伏。很多青少年对死亡缺乏最基本的敬畏，对自己和他人的生命缺乏应有的尊重。

　　生命教育的本质是珍视生命、尊重生命和敬畏生命，生命教育是生命教育不可或缺的内容。青少年正是可塑性最强的时期，让生命教育进入课堂，成为一门人生必修课很有必要。

【课时目标】

　　1. 知识维度：了解不同围家对死亡的态度。

　　2. 能力维度：能通过资料搜集与整合运用具体事例表达与论证自己对死亡的观点。能用语言或文字表达自己对人生意义的思考与态度。

　　3. 情感维度：能开放、诚实地讨论死亡，正确看待死亡，感知生命的美好。

【学情分析】

　　在我们中国的传统文化中，忌讳谈论死亡。这种躲避行为与习俗经过长久累积，无形中就造成了人们对死亡的恐惧与否定。网上时常曝出青少年自杀或因矛盾冲突伤害他人的社会新闻，他们可能没有正确认识死亡，所以在处理生与死之间的关系的时候，他们可能就会走进一些误区，因为他们不能

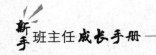

够正确理解死亡，所以也不能体会到生的可贵以及活着的意义。还有很多孩子在面对亲友的死亡时，不知道如何排解悲伤情绪，导致心情持续沉重甚至抑郁，严重影响身心健康、学习生活。

【教学方法】

情境体验法、启发教学法。

【活动设计】

（一）环节一：什么是死亡

1. 教师活动

播放电影（片段）：《寻梦环游记》。

介绍：《寻梦环游记》来自墨西哥的亡灵节。墨西哥人相信，死亡既是生命的归宿，也是新的开始。他们相信逝去的亲人朋友会在这天回来，沿着地上的花瓣回家，和他们团聚。

在今年两会期间，全国人大代表、北京大学肿瘤医院主任医师顾晋公开倡议对全民开展生命教育，成为热议话题。在采访中，顾晋谈到社会上许多青少年因为一点小事就轻生，我们对生死的概念，对生命的尊重，在我国的教育方面还有一定的欠缺。他建议应该从中小学生开始做生命教育，让人们尊重死亡，尊重生命。因此，今天我们就来谈谈死亡这个话题。

提出问题：什么是死亡，死亡意味着什么？

2. 学生活动

观看视频，联系生活感知，回答问题。

小结：死亡是生命的终止、结束，死亡意味着永别，无论是死亡还是人生中躲不过的坏消息，我们只有看到它，面对它，甚至愿意谈论它的时候，我们才有可能去对抗它。

设计意图：通过形象生动而又有启发意义的电影《寻梦环游记》，以一种不沉重的方式引出话题关键词：死亡，引发学生对这一话题的初步思考。

（二）环节二：死亡面面观

1. 教师活动

（1）带领学生阅读文章《不同国家的死亡观》，引导学生思考：不同国家对死亡的态度分别是怎么样的？在生活中，人们对死亡的态度如何？你是通过哪些现象感受到的？

（2）组织课堂辩论赛，辩题：是否应当支持在中国推行"安乐死"合法化？

2. 学生活动

现场正反双方进行自由辩论和总结陈词环节。

设计意图：带领孩子阅读文章《不同国家的死亡观》，了解不同国家对死亡的态度，同时引发对背后原因的思考；基于前面对"死亡"认识了解的铺垫，引导孩子自主进行思考，是否应当推行"安乐死"的合法化，通过辩论的方式更深刻理解"生与死"，同时引发学生思考应该如何面对亲友的死亡。

（三）环节三：向死而生，热爱生命

1. 教师活动

播放视频《三悦有了新工作》告别仪式片段，让学生直观感受告别往生者的场景。

提出问题：既然注定要死去，生活的意义是什么呢？（联系自己的人生经历、阅读感受等）

2. 学生活动

（1）结合自身的生活感知和文学作品如《人生》《活着》《平凡的世界》，思考回答。

（2）为自己拟写一封遗书，宣读自己的遗书。

设计意图：通过观看葬礼告别仪式，学生直观感受生命的脆弱、生者的哀伤，引导学生思考人生的意义是什么，人的一生应该怎样度过；遗书拟写活动可以让学生对死亡心理、死亡体验有初步感知，了解学生内心的真实情感。

小结：死亡不是生命的终点，遗忘才是。有一句话是这样说的：你要想过好每一天，就要把每一天当成是自己的最后一天。我们应珍惜当下的亲情友情，陪伴亲人，享受亲情，减少焦虑，从容乐观，善于发现生活的美，善于制造和享受生活中的每一个小确幸。

敬畏生命，热爱生命，珍惜生命！

（四）结束语

未知死，焉知生。正视死亡就是尊重生命，谈论死是为了珍视生。生死教育在某种程度上都教会我们要学会跟所爱的人和事物告别。只要爱还在，就不怕遗忘。重视生死教育，即是重视生命。正视生命的逝去，接受并给我们的哀伤一个去处，然后带着力量与爱继续前行，向死而生，向阳而生。

（五）作业设计

（1）写一封遗书，立遗嘱，尝试为自己撰写墓志铭。

（2）到殡仪馆、敬老院、临终关怀病区等场所参观，实地感知、考察，略窥死亡面貌。

（六）拓展空间

（1）观看电视剧《三悦有了新工作》，透过殡仪馆生离死别的场景，感悟活着的意义，从而尊重生命、敬畏生命。

（2）观看广州大学胡宜安教授《生死学》选修课，系统了解生死的概念和本质、死亡意识、个体死亡（疾病、衰老、灾难）、社会死亡（战争、贫穷、死刑等）、生死两安（临终关怀、安宁疗护等）、自杀等问题。

（3）推荐观看生命教育纪录片《生命里》；电影：《寻梦环游记》《人生大事》《入殓师》《天堂回信》《死亡医生》《遗愿清单》等，感悟生命的意义。

嘿！你怪美的

深圳高级中学（集团）北校区　祁菲

【课时目标】

1. 了解并正确面对"容貌焦虑"现象。
2. 理解美的层次和含义。
3. 提高审美能力。
4. 关注生命成长、提升个人自我认同。

【学情分析】

在当前的社会文化背景下，青少年学生群体普遍面临着容貌焦虑的问题。这种焦虑不仅来源于社会对美的标准和期待，也与同龄人之间的比较和竞争有关。通过对班级学生的观察和了解，我们发现多数学生在不同程度上表现出对自己外貌的不满和担忧，这直接影响了他们的自信心和社交能力。

学生的家庭背景多样，学生普遍存在对成绩和外在形象的高度重视，这在无形中增加了学生的心理压力。在社交环境中，学生往往因为担心自己的外貌而回避集体活动，或者在人际交往中显得过于谨慎和内向。

教育环境在塑造学生的自我认同感方面起着关键作用。学校应当提供一个支持和鼓励个人发展的氛围，帮助学生认识到每个人都有其独特的价值和潜力。通过开展多样化的课程和活动，我们可以鼓励学生探索自己的兴趣和才能，从而增强他们的自我认同感。

本次班会的目标是通过开放和包容的讨论，帮助学生认识到自我价

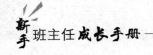

值的多元性，减少对外貌的过分关注，从而提升他们的自我认同感和社交能力。

【教学方法】

体验式、讨论式。

【教学资源】

1. 常规资源：多媒体等。

2. 其他资源："容貌焦虑"问卷、指纹采集卡、指纹印泥、树叶贴、个人照片、马克笔。

【活动设计】

（一）课前准备

提前通过问卷形式收集班级学生"容貌焦虑"相关问题数据，并进行前期分析。

（二）课堂教学情境问题1

1. 创设情境

"容貌焦虑"问卷调查结果分析：班级43%的同学对自己的容貌不满意，其中5.26%同学非常不满意自己的外貌；最想改变的地方：身高、体型、面部；55%的同学认为自己特别在意别人的评价，39%的同学认为自己受大众审美的影响。大众审美真的对我们生活有如此巨大的影响么？

视频："魔镜"片段。

2. 引出问题

什么是容貌焦虑？

（1）引起容貌焦虑的大众审美有哪些特征？

活动探究：幻灯片展示——A4腰、锥子脸、沙拉精、筷子腿……

达成目标：讨论和罗列学生经常接触的大众审美。

（2）符合大众审美，是不是就是真的美？

活动探究：为追求大众审美而进行过度整容、过度节食等现象进行5分钟小组讨论分享。

① 你认为他们美吗？

② 容貌（外表）美就是真的美么？

达成目标：组内讨论、组间互补，发表自己对大众审美的观点，进行思维碰撞。

（3）过度容貌焦虑、盲目追求大众审美背后的原因是什么？

分析归类：自我认同感低、过分在意他人评价、不懂欣赏自己等。

达成目标：反思自身在面对容貌问题时的心理。

（三）课堂教学情境问题2

1. 创设情境

视频：独一无二的我！（世间万物都是独一无二的，就像树叶一样，远看仿佛都一样，但当你仔细地对比，会发现它们并不相同，而你也是那个独一无二的你）

2. 引出问题

（1）如何正确面对容貌焦虑？

（2）如何认识自己的独一无二性？

活动探究：鉴证实录——指纹采集。

达成目标：每个人都是世界上独特的存在、独一无二，就像歌词中唱的那样"我就是我，颜色最绚烂的烟火。"做独一无二的自己，何其美好！认知独特之美，造就世界。

（四）课堂教学情境问题3

1. 创设情境

我是独一无二的，我应该如何发现自己应有的"美"？

2. 引出问题

（1）如何欣赏自我之美？

活动探究：优点大作战——以我爱我"＿＿＿＿＿＿＿＿＿＿＿"为题，写下你的

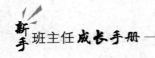

优点、特长、潜力以及任何你喜欢的品质贴在成长树上。贴完后进行"猜猜他是谁？"

达成目标：引导学生审视自我之美，认识自我、肯定自我、激励自我。

（2）如何欣赏和学习他人之"美"？

活动探究：每个小组选择自己的"焦点人物"一至多名，（韦东奕、快递员、袁隆平院士、张贵梅校长）分享人物事迹，谈谈小组观点。

① 你认识他们吗？

② 你认为他们"美"吗？

达成目标：由外貌美，升华至心灵美，小美升华至大美。破除学生过度在意他人看法，建立对自己的正确认知，懂得欣赏并学习他人之美——聪慧美、健康美、言行美、坚持美、责任美、胸怀天下之美！

活动：视频欣赏。

（五）评价方式与方法

活动：在照片上写出你的广告语，制作属于自己的闪亮名片！

（六）学后反思

通过本节课教学环节的实施，破除学生固有的"大众审美"观点，引导学生正确认识自我、悦纳自我、欣赏他人、学习他人。完善初中学生对美的认知，培养初中生健全、健康心理。

培育感恩，探索奇迹

深圳高级中学（集团）北校区　　祁菲

生命是一段奇妙而珍贵的旅程，充满了无尽的奇迹与挑战。在这个瞬息万变的世界中，我们每个人都深深地受益于生命的恩赐。感恩是我们对生命的最真挚回应，是一种积极向上的情感，让我们欣赏身边的一切，感受生活的美好。而探索正是因为对生命的敬畏和渴望，激发了我们内心深处的好奇心，让我们不断地寻求真理，探寻未知的奥秘。感恩和探索是互相补充的，它们让我们的人生更加丰富多彩，也让我们发现生命中的无限可能。本次主题班会旨在培育学生的感恩之情，激发他们对生命的探索欲望，让他们明白感恩和探索是生命中珍贵而深刻的体验。通过这次班会，我们将一起发现感恩和探索的意义，探寻生命中的奇迹，培养学生感恩的心态，同时启发他们勇于探索未知，不断追求自我价值。

【课时目标】

1. 引导学生讨论感恩的含义，以及感恩的积极影响，让他们在思考中体验感恩之情。通过分享感恩的故事和实例，我们希望能够培养学生的感恩习惯，让他们在日常生活中学会感恩，感激身边的人和事物。

2. 引导他们积极探索生命的奥秘。通过分享生命奇迹的故事和现象，让学生感受到生命的不可思议和奇迹。我们将鼓励学生提出问题、探索答案，并提供一系列探索的机会和平台，让学生亲自去体验和探索生命的奇迹。我们希望通过这样的探索活动，激发学生的好奇心和求知欲，培养他们主动学习和自主探索的能力。

3. 通过感恩和探索的活动，学生能够明白感恩和探索是生命中珍贵而深刻的体验，是在成长和发展中不可或缺的。我们希望能够引导学生明白，生命中的每一个奇迹都值得我们去感恩和探索，让他们明白人生的真谛在于感恩珍惜，不断追求和探索，以成为更好的自己。

【学情分析】

学生在忙碌的学习任务和竞争环境下，容易产生焦虑和压力，忽视感恩的重要性。他们可能过度关注自己的需求和成就，忽视周围人和事物的贡献和支持。因此，我们需要通过本次主题班会引导学生重新审视感恩的意义，让他们意识到感恩是一种积极向上的情感，让生活更加美好。对于生命的奇

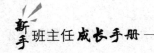

迹和意义，学生可能缺乏真正的体验和思考。他们或许过于忙碌于琐事，没有时间去欣赏大自然的美丽，没有机会去思考自己存在的意义和目标。因此，我们需要通过分享生命奇迹的故事和现象，帮助学生从更宽广的视角去思考生命的本质和真谛。

【教学方法】

情感教育法、案例分析法。

【活动设计】

（一）环节一：感恩拼图

1. 教师活动

播放一段感恩视频或短片，分享感恩的故事，引发学生对感恩的思考。可以选择具有启发性和感人的视频，如描绘人与人之间互助和感恩的情景，或者讲述感恩从心生的故事。

2. 学生活动

讨论感恩的含义，回顾自己曾经受过的恩惠，写下一封感恩信。学生可以组成小组，分享自己受到的感恩之情，如父母的养育之恩、老师的教诲之恩、朋友的关心之恩等。然后，每个学生都写一封感恩信，表达对恩人的感激之情。

设计意图：通过这个活动，学生能够认识到感恩的重要性，并生成感恩之情。观看感恩视频和分享感恩经历，能够激发学生内心深处的感激和温暖。通过书写感恩信，学生能够更深刻地表达心中的感恩之情，并培养他们的情感表达和文字表达能力。

（二）环节二：生命奇迹

1. 教师活动

分享一些关于生命奇迹的故事，如生命诞生的奥秘、自然界的神奇生物等。可以选择一些令人惊叹的生命故事，如生命起源于宇宙的诞生、深海中的海洋生物、生命在极地环境下的适应能力等。

2. 学生活动

分组讨论并展示一个生命奇迹的故事，或者设计一个探索生命的实验，让他们在实验中探索生命的奥秘。学生可以自由组成小组，选择他们感兴趣的生命奇迹，并通过展示、演讲、海报等形式向全班呈现。另外，学生还可以设计一个简单的实验，如观察室内植物的生长过程、动物的行为习性等，以探索生命的奥秘。

设计意图：分享生命奇迹的故事，激发学生的好奇心和对生命的尊敬，学生能够了解生命奇迹的发生和存在，意识到自己身处生命的奇迹之中，并加深对于生命价值的思考。从设计实验的角度，学生能够亲身参与和探索生命，培养他们的实验能力和探索精神。

（三）环节三：感恩生命

1. 教师活动

引导学生分享他们写的感恩信，鼓励他们表达感恩之情。教师可以邀请几个学生上台，分享自己写的感恩信，讲述恩人对他们的帮助和影响，并表达自己对他们的感激之情。

2. 学生活动

展示探索实验的结果，分享他们在探索生命奥秘的过程中的体验和发现。每个小组可以将实验结果展示给全班，并分享他们在实验过程中遇到的困难、收获和深入思考的问题。

设计意图：通过互相分享，学生可以感受到感恩和探索的力量，提高交流和表达能力。学生能够通过听取他人的感恩经历，进一步激发自己的感恩之情。展示和分享实验的结果，能够激发其他同学对于生命奇迹的兴趣和思考，促进班级氛围的积极向上和学习氛围的共同营造。

小结：感恩和探索是生命中的两个重要方面。感恩让我们懂得珍惜，探索让我们不断前行。通过培育感恩之情和探索生命奇迹，我们可以更好地理解生命的意义和价值。希望通过班会的引导和活动设计，学生能够真正融入感恩和探索的旅程，成为全面发展、有爱心、善于思考的人。

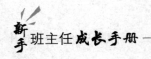
（四）作业设计

（1）继续写感恩信，寄给那位曾对你产生重大影响的人。

（2）每周至少探索一个新领域，写下探索日记，记录自己的感受和发现。

（五）拓展空间

（1）推荐观看纪录片《探索生命的奇迹》《感恩之旅》。

（2）推荐阅读书目《生命的奥秘》《感恩的力量》。

第二节　习惯养成主题班会

内容简介

　　美国著名的哲学家、心理学家威廉·詹姆士曾言：播下一个行动，收获一种习惯；播下一种习惯，收获一种性格；播下一种性格，收获一种命运。习惯决定一个人的命运。青少年的习惯养成是学生健康成长的重要保证，是素质教育的灵魂，也是学校高效管理的重要保障。

　　习惯养成主题班会主要有学习习惯、生活习惯、文明习惯三个模块：学习习惯模块（时间规划、学习方法、学会阅读）让学生学会独立思考、合作探究；生活习惯模块（卫生习惯、文明用餐、运动健康）让学生学会自我管理；文明习惯模块（文明用语、礼貌待人、诚实守信）让学生学会礼貌用语、社交礼仪。

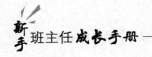

塑造习惯，成就未来

深圳高级中学（集团）北校区　祁菲

习惯是人们行为的重要组成部分，良好的习惯可以指导我们形成正确的生活方式，影响我们的未来。在中学阶段，培养学生良好的习惯尤为重要。通过开展主题班会，我们旨在引导学生认识到习惯对个人发展的重要性，探索塑造良好习惯的方法，助力他们实现更好的未来。

【课时目标】

1. 通过了解习惯对个人成长的影响，学生能够树立正确的价值观和行为准则。

2. 启发学生思考自己的习惯现状，认识到不良习惯的危害，并制订改变习惯的计划。

3. 培养学生坚持行动、持之以恒的品质，提高他们的自律能力，增强责任感。

4. 激发学生对未来的期待和追求，明确自己的目标并制订行动计划。

【学情分析】

中学生正处于个性形成和价值观建立的关键时期，他们的习惯养成与未来发展密切相关。然而，由于课业压力、社交影响等因素，一些学生可能存在不良习惯，如拖延、浪费时间等。因此，有必要引导学生认识到习惯对未来的重要性，并帮助他们调整行为，培养良好的习惯。

【教学方法】

情境体验法、案例讨论法。

【活动设计】

（一）了解习惯的力量

1. 教师活动

在这个环节中，教师向学生介绍习惯的定义和作用，并给出一些成功人士的案例，说明他们成功的背后都有坚持的习惯。教师可以使用多媒体展示方式，呈现相关信息和案例，以吸引学生的注意力。首先，教师简要介绍习惯的概念，告诉学生习惯是指反复进行的行为或思维模式，通过不断重复形成固定的规律。然后，教师向学生展示一些成功人士的案例，讲述他们在个人发展过程中坚持的习惯，如每天早起锻炼身体、持续学习等。

2. 学生活动

学生进行思考并分享自己身边的成功案例。学生可以选择自己认识的成功人士，如家长、老师、社会名人等，并描述他们身上的良好习惯。学生可以通过小组讨论或个人陈述的方式，分享这些成功案例和习惯，并总结出习惯对个人发展的重要性。在分享的过程中，教师鼓励学生互相倾听和交流，提出问题或观点，引导学生思考这些成功人士是如何通过坚持良好习惯来实现个人目标的，以及他们的习惯对他们的发展产生了怎样的影响。

设计意图：教师介绍习惯的定义和作用，以及成功人士的案例，旨在帮助学生认识到习惯对个人发展的重要性。通过分享身边的成功案例，学生可以感受到习惯对个人成长的积极影响，并从中得到启示。同时，学生之间的互动交流，可以促进他们的思维发展和价值观培养。为了加深学生对习惯的理解，教师可以使用多媒体展示方式，使信息更加生动有趣。此外，通过分享身边的成功案例，学生能够将抽象的概念与实际生活联系起来，从而更好地理解习惯对个人发展的重要性。

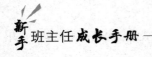

（二）审视自己的习惯

1. 教师活动

在这个环节中，教师引导学生思考自己的日常习惯，包括学习、作息、饮食等方面，并让他们列出自己的优点和缺点。教师提供一些问题，帮助学生更深入地分析自己的习惯现状。

首先，教师可以向学生提问，比如：你每天的学习时间是否规律？你的作息习惯是否合理？你的饮食习惯是否健康？学生通过这些问题能够反思自己的习惯现状，并意识到其中的优点和不足。其次，学生以小组为单位进行讨论，并分享自己的习惯现状。每个小组可以轮流讨论一个成员的习惯，其他小组成员可以提出建议或评价。学生可以互相交流彼此的观点和经验，帮助对方发现自己习惯中的盲点或问题。最后，教师鼓励学生思考自己的习惯对未来发展的影响。例如，这些习惯是否有助于实现自己的目标，以及有哪些习惯需要改进或调整。学生可以记录下自己的思考结果，并为后续的环节做准备。

2. 学生活动

学生将以小组为单位进行讨论和分享。每个小组成员可以依次介绍自己的习惯现状，包括优点和不足之处。其他小组成员可以提出建议、评价或共鸣。学生可以互相倾听和交流，从他人的经验中获得启示，同时可以帮助他人发现自己习惯中的问题。在小组讨论的过程中，教师适时地给予指导和引导，鼓励学生深入思考自己的习惯现状，并意识到其中的影响因素。学生可以记录下自己的思考和收获，以备后续环节的使用。

设计意图：通过审视自己的习惯，学生可以更深入地了解自己的行为模式，并认识到其中的优点和不足。通过小组讨论和分享，学生可以互相倾听和交流，从他人的经验中获得启示，同时可以帮助他人发现自己习惯中的盲点或问题。

（三）制订养成好习惯的计划

1. 教师活动

在这个环节中，教师可以介绍设定目标和制订计划的重要性，并引导学生思考如何通过行动改变不良习惯。教师可以向学生解释设定目标和制订计划对于改变习惯的关键作用，以及如何确保计划的可行性和有效性。

首先，教师强调设定明确的目标的重要性，一个清晰的目标可以帮助他们更好地了解自己想要改变的习惯，并为他们提供前进的方向。其次，教师讲解如何制订具体的行动步骤，包括需要采取的具体行动和时间安排。再次，介绍如何监督和评估自己的行动，鼓励学生寻找适合自己的监督方式，如记录习惯改变的过程、与朋友或家人分享目标和进展情况等。最后，教师强调持之以恒的重要性，即坚持执行计划并不断进行自我评估和调整。

2. 学生活动

学生将独立思考并制订改变习惯的计划。每位学生可以选择一个需要改变的不良习惯，然后思考并记录下具体的行动步骤、时间安排和监督方式。

学生可以首先明确自己的目标，并思考如何将目标细化为可操作的行动。他们可以列出需要采取的具体行动，确定每天或每周的时间安排，以及如何在执行过程中进行监督和评估。

学生在制订计划的同时，要考虑到实际情况和个人能力，确保计划的可行性和有效性。学生可以根据自己的特点和喜好，选择适合自己的监督方式，并明确持之以恒的承诺。

设计意图：通过引导学生制订改变习惯的计划，学生能够认识到设定目标和制订计划对于改变习惯的重要性。通过思考具体的行动步骤、时间安排和监督方式，学生可以将抽象的目标转化为具体可行的行动计划，并增强执行计划的信心。

（四）展示目标与计划

1. 教师活动

邀请学生代表分享他们的目标和计划，并给予肯定和建议。

2. 学生活动

学生代表依次展示自己的目标和计划，其他同学进行评价和提问。

教师小结：习惯的养成需要坚持和努力。我们每个人都有改变自己的能力，只要制订明确的目标、合理的计划，并付诸行动，就能够塑造良好的习

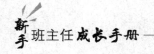

惯，为未来的成功奠定基础。

（五）结束语

习惯是铁，而人是水。通过塑造良好的习惯，我们可以使自己的人生更有规律、更高效。让我们从现在开始，审视自己的习惯，制订明确的目标和计划，并坚持不懈地行动。相信通过我们的努力，我们一定能够塑造良好的习惯，成就美好的未来！

（六）作业设计

（1）学生撰写一份关于改变不良习惯的计划书，包括目标、具体行动步骤和时间安排。

（2）学生选择一个成功人士，调查并总结他们的习惯养成过程，并撰写一篇小论文。

（七）拓展空间

（1）推荐阅读书目：《习惯的力量》《原子习惯》。

（2）组织相关活动，如开展习惯培养挑战赛，鼓励学生通过实际行动培养良好习惯。

第三节　家国情怀主题班会

内容简介

　　家国情怀是中华优秀传统文化最重要的部分，在中华文明数千年演进历程中有着深厚的滋生土壤和历史渊源。培养学生的家国情怀，就是引导他们把爱国情、强国志、报国行自觉融入实现中华民族伟大复兴的奋斗之中。家国情怀主要包括对家庭、家乡和祖国的认同与热爱，可下设分主题：我的家、我的城、我的国（理想信念、爱国主义、国家利益）。

见"圳"发展　"深"望未来

深圳高级中学（集团）北校区　艾春花

　　在浩渺的历史长河中，每一座城市都承载着其独特的文化记忆与发展轨迹。深圳，这座国际化现代化都市，更是以其独特的魅力，成了中国改革开放的杰出代表。今天，我们站在这片热土之上，以"见'圳'发展　'深'望未来"为主题，展开一次别开生面的教学设计，旨在引导学生深入了解深

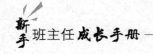
圳的发展历程，展望其未来的无限可能，让学生从中汲取力量，激发他们为祖国的繁荣富强而努力奋斗的豪情壮志。

【课时目标】

1. 政治认同：学生参加城市名片推选活动，感悟深圳的发展与成就，提升政治认同感，树立家国情怀。

2. 道德修养：学生参加校园义工活动，体验劳动创造的成就感、幸福感，感悟乐于奉献的中华传统美德、爱国的中华民族精神和社会主义核心价值观。

3. 法治观念：学生参加微辩论思考深圳文化的精神内涵，辩证地看待文化现象和社会发展，形成理性、全面、客观的科学精神。

4. 健全人格：学生参加职业畅想与规划活动，学会规划自己的人生，制订圆梦计划，激发奋斗热情和意志。学生参加信封投递深高邮局活动，增强母校情怀。

5. 责任意识：学生参加模拟政协提案活动，增强主人翁意识和社会责任感，提高公共参与能力。

【学情分析】

1. 已知点：九年级学生关注时政热点，对深圳的民生问题特别是教育、住房、医疗等问题感兴趣，对创新有直接的体验与感受，对深圳的科技创新公司有所耳闻，但缺乏对深圳及国家相关政策的了解；小学的道德与法治、语文、科学等课程已经直接或间接渗透、宣传、普及了生态文明理念，小学生通过公益广告、社会实践活动、研学旅行等形式了解生态文明。

2. 困惑点：学生对于我国改革开放的发展历程和我国基本国情的了解还不全面，能列举一些改革开放的伟大成就，还不能用辩证唯物主义的思想方法去思考我国经济发展过程中遇到的问题；学生对创新活动的价值认识不够充分，对自主创新的理性自觉明显不够，对深层次的文化价值和意义认识思考不多，对人口、资源、环境问题的理解停留在日常生活感性接触的方面，对解决生态问题的历史必然性、必要性认识不足。

3. 发展点：中学生对于我国改革开放的发展历程和我国基本国情的了解还不全面，在资源、环境等方面的认知水平和行为选择能力方面需要经过正确引领，并促使其转化为建设美丽中国的积极力量。中学生需充分体悟并传承中华文化，生活中向榜样人物学习，提升分析、解决生态环境问题的能力。

【教学方法】

活动探究法、情境教学法、启发教学法。

【活动设计】

（一）节目导入，渐入佳境

1. 创设情境

模拟电视节目的形式（有音乐）开场。整个节目主题是打造深圳城市名片，教师作为主持人，串场、邀请坐客嘉宾现场点评。

2. 引出问题

推选并打造深圳城市名片。

3. 活动探究

学生准备好角色扮演：华为技术研究员A工程师，深圳市文物局B局长，深圳市环境科学研究院C院长，深圳北社区党委负责人D书记。

设计意图：通过模拟电视节目的形式开场，活跃课堂气氛，调动学生课堂参与的积极性。

（二）第一站：启动·1980——忆昨天：回望深圳

1. 创设情境

播放视频：1980年前的深圳。

2. 引出问题

问题：从视频镜头中看到了一个怎样的深圳?

3. 活动探究

学生观看视频，感受1980年前的深圳，归纳概括从视频镜头中看到了一个怎样的深圳。

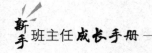

设计意图：以简短视频导入，通过直观的视频照片，感受改革开放前深圳的面貌与当下深圳形成的鲜明对比，从而感悟新时代生活的美好，珍惜当下幸福时光。

（三）第二站：驰骋·2023——看今日：凝望深圳

1. 创设情境

各小组推选深圳名片，邀请做客嘉宾点评。

2. 引出问题

问题：如果让你推荐深圳的城市名片，你会推选什么？

3. 活动探究

鹏城主人，见"圳"有为。

小组合作：从经济、文化、社会、生态不同方面用不同方式呈现深圳近年来的发展成就。

（1）经济组：直播带货。

（2）文化组：研学旅行（甘坑视频）。

（3）生态组：调研报告（河流、公园）。

（4）社会组：校园义工。

设计意图：学生角色的扮演，让学生有角色代入感，引导学生从自身扮演的身份角度去思考和解决问题，也为下面点评活动和提议案活动做好铺垫。小组合作活动从经济、文化、社会、生态不同角度用不同方式呈现深圳近年来的成就，可以锻炼学生的概括总结、理论联系实际和语言表达能力，激发学生善于发现深圳的成就，感受作为深圳市民的自豪感、幸福感。

（四）第三站：加速·2035——望明朝：展望深圳

1. 创设情境

青少年模拟政协提案活动。

2. 引出问题

请你就自己日常生活中观察到的一个社会民生方面的问题，给在深圳的全国人大代表提交议案，为深圳的发展建言献策。

3. 活动探究

建言献策，助"圳"可为。

（1）各小组团结协作，展开青少年模拟政协提案活动。

（2）派代表简述提案主要内容。

（3）其他小组点评并补充提案。

（4）现场投票选出最佳提案，课后优化提交到深圳市人大网。

设计意图： 模拟政协提案活动，可以培养学生的主人翁意识、社会责任感，激发学生观察身边日常生活中遇到的问题，使学生了解居民诉求，关心国家和社会公共事务。

（五）总结升华，素养落地

1. 创设情境

以青春之名赴未来之约。

2. 引出问题

请你畅想2035年自己的职业，并说说你打算如何实现该职业理想？给2035年的自己写一封信，可通过漫画、诗词、标语、自画像等形式呈现，100字左右。

3. 活动探究

紫堡少年，大有作为。

（1）畅想2035年的自己，树立职业理想，简述如何实现该理想，规划职业蓝图。

（2）当场把信封投递到深高邮箱，2035年回母校再次启封，如图5-3-1所示。

图5-3-1　深圳高级中学（集团）北校区少年邮局

设计意图：学生通过职业畅想，依据社会发展需要和自身特点做生涯规划，激发生命热情和学习斗志，教师鼓舞学生为实现梦想付出不懈努力，强化作为时代新人的责任担当；学生通过书信的形式，让当下的自己和未来的自己对话，展开自我心扉的深层交流，之后把信封投递到深高邮箱，并且2035年回母校再次启封。这种充满仪式感的活动，可以培养学生的母校情怀。

（六）结束语

改革开放以来，通过深圳人民的辛勤奋斗，深圳从追赶时代到引领时代，创造了经济发展的深圳速度：追求民主，遵循法治，推进深圳力度；开放包容，彰显深圳温度；重视文化建设，积淀深圳厚度；坚持绿色发展，铺就深圳密度。未来，让我们在党的坚强领导下，乘着这趟五位一体总体布局的列车，向2035站加速前进，不断驶向新的深圳高度。青年的使命如图5-3-2所示。

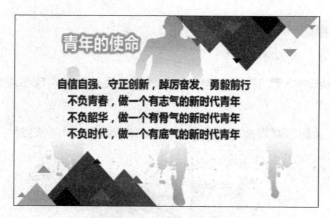

图5-3-2　青年的使命

（七）板书设计

见"圳"发展，"深"望未来结构图，如图5-3-3所示。

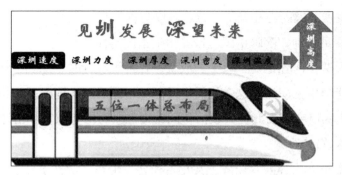

图5-3-3 见"圳"发展，"深"望未来结构图

（八）拓展空间

（1）观看《深圳城市宣传片》，增进对深圳的认识，树立家乡情怀。

（2）观看《城市24小时》（深圳1分钟宣传片CCTV纪录），感悟深圳精神。

（九）教学特色与改进

1. 教学特色

（1）情境导入，活动主导，点燃学生生活感悟

坚持将课堂还给学生，用小组活动的形式给学生设置任务，驱动学生主动探究，提升学生参与能力。本单元设计了调查报告、辩论赛、设计宣传语、情景表演、直播带货、投递书信等多种活动形式，充分发挥学习小组的作用，引导学生围绕议题展开丰富多彩的活动体验，在真实问题的分析和解决中推进开放思维、人文情怀素养的整体提升。

（2）逻辑严密，精准设计，符合学生认知逻辑

从感性经验到理性认知，从个例到归纳总结，由浅入深，遵循学生认知规律。注重学习任务的真实性、系统性、综合性与开放性，具有思辨性和开放性的问题设计可以引导学生理性看待深圳文化现象，客观评价中国的创新现状，促使学生质疑、批判、辨析，提高价值澄清能力、合作交流能力和创造力。

（3）情感升华，联系实际，促进学生知行合一

设置前置性作业，如河流调研报告、打卡深圳文化景点等，让学生小组合作课前搜集素材，课堂分享感悟并完成实践性作业，激发学生在解决问题

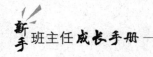

的过程中发展关键能力和升华情感、态度与价值观。

（4）立足深圳，落脚中国，培养学生家国情怀

本单元课程内容主要呈现中国成就，在情境设计时以深圳为切入口，以小见大，让学生见证深圳这座他们生活的城市的成就，同时感悟中国改革开放以来发生的巨变，由此提升政治认同，增强家国情怀和家乡情怀。

2. 教学改进

（1）本单元内容涉及经济、文化、社会、生态，素材十分丰富，需要学生在搜集、整合素材上多下功夫。在提高学生的课堂参与度上，学生需要课前搜集相关影视等素材。学生可能会因为初三学业压力大，课前准备时间不足，课堂学生小组活动的展示时间也较为仓促，有待进一步合理分配教学活动的具体流程。

（2）教学设计和实施应更加重视持续性评价，实现"教学—反馈—改造"。教师不仅要关注学生在课堂上的参与和学习情况，检查作业完成情况，也要持续跟踪学生拓展性学习的参与和表现情况。

知责任　勇担当

深圳高级中学（集团）北校区　艾春花

社会参与是中国学生发展核心素养的重要内容。在社会生活中，学生应该努力处理好个人与社会的关系，遵守符合社会要求的道德准则和行为规范，积极主动参与社会活动，增强社会责任感，实现人生价值。

【课时目标】

1. 对履行责任却不言代价与回报的人心怀感激之情，并努力向他们学习。

2. 能够自觉履行对自己、对他人、对社会和国家的责任，无怨无悔。

3. 通过对责任与角色、责任与代价和回报等关系的探讨，提高辩证思维能力。

4. 通过分享故事理解承担责任的意义。理解承担责任可能需要付出一定的代价，也会获得一定的回报，懂得不履行责任要承担的后果。

【学情分析】

初中学生思维敏捷、勇于进取，具备初步的社会责任感和历史使命感。同时，受主客观因素的影响，他们在某些方面也存在以自我为中心、强调自我满足、缺乏奉献精神等问题，还不能正确认识和处理个人、家庭、社会之间的关系。有的学生甚至只会强调社会和他人对自己的责任，没有看到自己对他人和会社也需要承担相应的责任。

从现实状况来看，有必要对学生加强责任意识和奉献精神的培育，引导学生把个人的成长与社会的发展有机结合，引导学生在生活中能够扮演好自己的角色，自觉主动地承担自己应尽的责任，培养良好的责任意识和奉献精神，努力成为一名合格公民。

【教学方法】

情境教学法、启发教学法、案例分析法、情感体验法。

【活动设计】

（一）第一站：知责识责，责任追问

1. 课堂导入

活动1：你画我猜游戏

游戏规则：一人比画一人猜，可以告知几个字，并比画或说出相近的内容，不得有这个词语本身，否则失败。用时短胜。

2. 教师活动

播放照片：校运会上学生的身影、教师工作的日常。

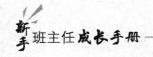

3.学生活动

（1）学生两两合作，进行你画我猜游戏活动。

（2）归纳总结这些词语都和什么主题相关。

学生观看照片，并思考：什么是责任？责任的来源？

设计意图：游戏活动暖场，带动学生参与课堂；通过对比画的词语深度思考总结概括，引出主题——责任，并通过词语的代入感，激发学生联想相关情境，引发学生崇敬之情；运用与学生生活密切相关的本校运动会情景，给学生带来亲切感，引导学生关注身边的事；分享自身的经历，激发学生道德情感，同时增强学生对责任的深刻认知。

（二）第二站：辨责析责，不计得失

1.教师活动

设置情境：阅读武汉快递小哥汪勇的一篇日记。

2.学生活动

小组思考讨论：请你为汪勇做出选择，并说说该选择可能会给他带来什么影响？

设计意图：小组充分讨论，引发学生对同一情境不同维度的思考，明白承担责任需要付出代价同时也可能获得回报。帮助学生开拓思维，培养理性精神、同情心、同理心，引发学生对社会公民所承担责任的思考。

（三）第三站：感谢有你，致敬英雄

1.教师活动

布置小组活动任务。

2.学生活动

活动2：分享人物故事

（1）小组分享：小组代表分享一个"勇担家国责任"的人物故事。

（2）思考：他们的行为有什么社会意义？

活动3："最美紫堡人"评选

小组合作：选出紫堡里最负责任的他/她（他/她们）。

设计意图：学生分享令人感动的担责故事，激发敬畏英雄之情，懂得和谐社会离不开每一个平凡人的尽职尽责的付出；结合学生的生活学习经历、所思所悟，通过评选身边最美的人，学生感受到其实身边有很多人在为我们的美好生活默默付出的活动有助于培养学生善于观察、思考的能力，并学会用自己的方式感谢身边的人，让学生得到情感升华。

（四）第四站：担责负责，青春使命

1. 教师活动

播放背景音乐，搭配《青春》节选篇章。

2. 学生活动

活动4：拟写责任宣言

按照样式拟写一份责任宣言，先组内分享，再在全班大声宣读宣言。

活动5：深情诵读

青春（节选）

李大钊

吾愿吾亲爱之青年，

生于青春死于青春，生于少年死于少年也。

进前而勿顾后，背黑暗而向光明，

为世界进文明，为人类造幸福。

以青春之我，创建青春之家庭，

青春之国家，青春之民族，

青春之人类，青春之地球，

青春之宇宙，资以乐其无涯之生。

设计意图：通过大声宣读责任宣言，在全班面前立下军令状，监督自身行动，做一个负责任的人；学生在深情诵读中感悟五四青年学子的家国情怀、大爱与担当，使其在回望救亡图存的历史中汲取前行的青春力量。

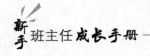

（五）板书设计

课堂小结，如图5-3-4所示。

图5-3-4 课堂小结

（六）结束语

古语有云："为天地立心，为生民立命，为往圣继绝学，为万世开太平"，这是前辈们的使命和担当。习近平总书记说："国家的前途，民族的命运，人民的幸福，是当代中国青年必须和必将承担的重任。"我们要牢记习近平总书记的嘱托，以实际行动承担起党和人民赋予的历史重任，在激扬青春、开拓人生、奉献社会的进程中书写无愧于时代的壮丽篇章。愿同学们心中有责，眼里有光，不负韶华，勇往向前！

（七）作业设计

（1）写一封责任承诺书。

（2）争做社区志愿者。

（八）拓展空间

（1）观看《感动中国》2022年度人物颁奖盛典，感悟奉献担当。

（2）观看《觉醒年代》电视剧，树立家国情怀。

（3）阅读马克思《青年在选择职业时的考虑》中学毕业论文，感受博爱胸襟。

（九）教学反思与改进

1. 亮点

（1）情境导入，活动主导，点燃学生生活感悟。

坚持将课堂还给学生，用小组活动的形式给学生布置任务，驱动学生自己探究，激发学生深度思考，提升学生公共参与核心素养。

（2）逻辑严密，精准设计，符合学生认知逻辑

遵循"知责识责—辨责析责—担责负责"的设计思路，从感性经验到理性认知，从个例到归纳总结，由浅入深，遵循学生认知规律。

（3）情感升华，联系实际，促进学生知行合一

实践性作业，让学生在家庭、学校、社区分别做一件体现责任担当的事情，切实体验对自己负责的经历，体验对他人付出的快乐，进一步明确自身应承担的责任，增强社会责任感。

2. 不足

学生在分享"家国责任担当"故事时，由于学生生活在和平年代，身处一线城市——深圳，缺乏同时代的感知经验，可能在情感体验上有所欠缺，不够饱满，如果配合相关故事情节、视频的开展，可能会更具感染力。

强国有我，请党放心

龙华高级中学教育集团观澜校区　　文君

【课时目标】

1. 通过回顾历史与党史知识竞赛，学生可以了解我党历史进程中的重要时刻。

2. 以学生为中心，培养学生合作、组织、策划的能力，由学生自主开展

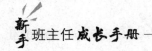

所有活动。

3. 提高学生的表达能力。借助时事热点，帮助学生了解我国当前仍面临的挑战与困难，从而引导学生针对当前大事件，得出自己的看法与观点。

4. 增强学生的民族自豪感与爱国主义情怀。

【学情分析】

1. 在全球多元文化的大背景下，青少年受到各种各样的生活方式与价值观念的冲击，国家意识与文化观念的形成受到一定的影响。

2. 随着多媒体的发展，青少年对于社会、国家、世界充满了好奇心，且对于周围大事件有着自己的看法。

3. 青少年学生乐于思考、活泼好动、想象力丰富、接受能力强，喜欢新颖的活动，对于理论的、空洞的说教不感兴趣。

【教学方法】

本节课通过以下方式达成教学目标：图片展示、音频视频、朗诵表演、竞赛抢答、发言讨论等。

【活动设计】

（一）铭记奋斗历程

强国有我，请党放心结构图，如图5-3-5所示。

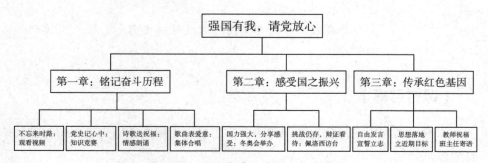

图5-3-5　强国有我，请党放心结构图

活动1：不忘来时路——观看视频

班会伊始，学生回望过去，观看电影选段，亲历祖国百年艰辛历史。百年前的中国，面对强权霸政只能含垢忍辱。如今华夏，满溢底气，敢与日月同光，与山川相缪。（集体活动）

活动2：党史记心中——知识竞赛

为将历史铭记于心，进一步增加学生对我党的了解，本节课以紧张又激烈的小组知识竞赛形式，让祖国历史在学生脑海中再添光彩。（小组PK）

活动3：诗歌送祝福——情感朗诵

由班级四名同学带来朗诵《请党放心，强国有我》，振奋人心的朗读调动全班同学的情感，亦彰显着我辈定当不负嘱托的志气。

活动4：歌曲表爱意——集体合唱

学生胸前的红领巾彰显着他们对祖国浓烈的情感，全体同学合唱《歌唱祖国》来表达对祖国的爱意。（集体活动）

设计意图：充分利用多媒体设备进行视频、音乐、图片等的播放，创设情景，将学生带回过去，真切感受祖国的变化；将爱国主义通过形式多样的活动展现出来，这些层层递进的活动（个人—小组—集体）有利于充分调动学生的情感，培养学生的团队合作能力。

（二）感受国之振兴

材料1：国力强大，分享感受——冬奥会举办

回望过去，祖国艰难前行，我们的今天得益于先辈的不屈奋斗，如今，祖国日益强大，在国际上越来越有话语权，中国已经不再是以前的中国了。2022年2月4日，北京冬奥会如期胜利举办，中国再一次体现出制度优势和非凡能力。学生通过冬奥会的举办，感受今日的中国不可同日而语，并畅谈感受。（个人活动）

材料2：挑战仍存，辩证看待——佩洛西访台

2022年7月，美国议员佩洛西不顾中方反对，贸然访台，严重违反一个中国的原则，这件与我们息息相关的事情让学生意识到面对世界百年未有之大变局，越是接近民族复兴之时，越不会一帆风顺，越充满风险挑战乃至惊涛骇浪。同时引导学生"月是故乡明，心安是归途。强大的中国是每个中国人的坚强靠山，祖国繁荣昌盛也是所有中国人的心愿。因为个人的命运从来就与国家、民族的命运紧密相连。只有国家强大，个人的自由、幸福才有保障。我们应涵养家国情怀，砥砺强国之志，将个人的梦想融入中国梦之中，与时代精神同声相应"。（主持人引导）

设计意图： 引导学生回顾过去，审视当下，精选两个材料，让学生看到国力强盛的同时，也感受到当前我国仍面临挑战，从而顺理成章地引入第三章。同时，通过学生的自由发言与主持人的总结，引导学生从当下做起，勇担责任——"如果信念有颜色，那一定是中国红！"

（三）传承红色基因

活动1：自由发言，宣誓立志

学生自由发言，畅谈作为青少年的我们应该如何弘扬与传承红色基因。后由主持人进行关键词总结——"立场坚定，理性爱国；明辨是非，反对暴力；遵纪守法，恪守底线；刻苦学习，奋发图强"。在个人总结完之后，班级同学在一名同学的引领下进行集体宣誓，升华情感。宣誓内容为："我是龙高人，我庄严宣誓：严守学校纪律，学习是我的天职；牢记师长嘱托，报国是我的使命；用汗水浇灌希望，用激情成就自我，用坚持挑战极限，用信念铸就辉煌；龙腾四海，高翔九霄，勇毅笃行，成德达才；怀天下，行仁爱，向未来，做最好的自己，做最好的龙高人。"

活动2：思想落地，立近期目标

主持人以"努力学习、奋发有为，以实际行动为祖国强大做出贡献"为出发点，引导学生为自己设立阶段性目标，最后由班主任代为收集。

活动3：教师祝福，班主任寄语

为学生播放提前采访好的科任老师的暖心祝福，让学生感受到老师对自己的殷切期待与谆谆教诲，同时由班主任引导学生将个人理想与国家理想相结合，严于律己，不懈奋斗，去实现自己的目标！不负华夏，不负韶华，不负使命，不负青春，不负自己！

设计意图： 设置问题，提供学生自由分享的机会；集体宣誓升华情感，实现情感态度目标；树立近期目标，进行思想落地；引导学生爱国爱党，奋发图强。最后由教师的寄语结尾，充满心意。

（四）板书设计

强国有我，请党放心，如图5-3-6所示。

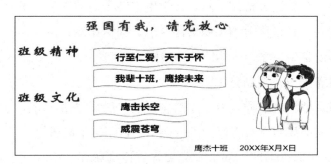

图5-3-6　强国有我，请党放心

（五）评价方式

（1）教师评价：教师根据学生的课堂表现口头评价；教师对学生的作业书面反馈。

（2）同伴评价：主持人根据学生的表现及问答进行口头点评。

（3）个人评价：学生写下对本节课第二章的感受及进行自我点评。

（六）作业设计

（1）必做作业："思想落地，立近期目标"——完善个人阶段性学习目标。

（2）选做作业：写下对于"我国当前发展仍面临挑战与机遇（即第二章）"的感想与本节课自我评价，200~500字。

（七）教学反思

1. 班会亮点

（1）主题鲜明，活动新颖多样

本节班会课紧紧围绕"爱国主义"的主旋律，从"历史"到"现在"再到"未来"三大章节层层递进，自然过渡。每一章节活动新颖，集体活动与个人活动相结合，"知识竞赛""情感朗诵""集体合唱""个人发

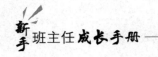

言""宣誓立志""树立目标"等活动充分调动了学生的参与度,让学生在实践中感受与领悟,最后与当前的学习相结合引导,学生树立近期目标。

(2)学生主导,积极组织参与

本节课由学生自主组织开展,在两位主持人的带领下,班会有序开展,而班主任在一旁提醒及把控时间。在学生主持人的带领下,班会氛围良好,学生参与度高,且集体活动(如集体合唱、知识竞赛、树立目标等环节)照顾到了每一位学生,增强了他们的体验感。

(3)准备充分,规划分工明确

本节班会课活动多样且由学生自主开展,所需要做的分工与准备自然较多,因此前期的规划非常重要。本节课主要做了以下准备:

① 背景知识:提前一周下发党史知识竞赛题库,引导学生自主学习相关知识,为本节班会课进行铺垫。

② 情感状态:全班同学温习《歌唱祖国》,提前录制视频,在班会课前调动学生的情绪。

③ 人员安排:提前做好学生人员分工,表演人员、主持人员、宣传人员等。

④ 物资物料:比赛相关资料准备,教师祝福视频、PPT、主持稿、竞赛资料等。

2. 改进措施

(1)时间分配

本节课在第一章节花费时间较多,不利于整体教学任务的完成。为更好地实现教学目标,本节课应侧重在第二章教学活动上,严格且合理控制时间,以第二章的讨论突出本节课"爱国主义"的主题。

(2)主持人培训

通过本节课展示,主持人在班会点评与控场方面有待进步。因为本节课由学生自主组织,主持人需具备一定的知识与实践积累,所以应提前对主持人进行全方面的培训,有利于更好地实现本节课的教学目标。

第四节 法治素养主题班会

内容简介

青少年是祖国的未来、民族的希望。加强青少年法治教育，使广大青少年学生从小树立法治观念，养成自觉守法、遇事找法、解决问题靠法的思维习惯和行为方式，是全面依法治国、加快建设社会主义法治国家的基础。

法治素养教育包括规则意识（校规校纪）、法律常识（宪法和其他常用法律）、用法能力（校园欺凌、网络安全等）的培育与养成。

守护校园安全 呵护青春成长

深圳高级中学（集团）北校区 艾春花

校园欺凌现象在各个国家都真实存在。近年来，发生在我国中小学的校园欺凌事件及恶性案件时有爆出，中小学校园欺凌让老师和家长心痛，很多学生的身心健康受到极大伤害，让本该是一方净土、文明殿堂的校园隐藏着危险，对社会、家庭、学校造成严重影响。

《中华人民共和国未成年人保护法》第三十九条规定：学校应当建立学生欺凌防控工作制度，对教职员工、学生等开展防治学生欺凌的教育和培训。《全国依法治校示范校创建指南（中小学）》也指出，学校要建立学生欺凌防控工作机制，定期开展防欺凌教育。因此，开展校园欺凌相关主题班会非常必要。

【课时目标】

1. 认知目标：通过观看视频，学生能够了解校园欺凌的主要表现、形成原因及危害，认同抵制校园欺凌的必要性。

2. 情感目标：情景表演、案例分析等活动的开展，激发学生对校园欺凌这一丑恶现象的憎恶，培养学生的同情心和同理心，形成友善和谐的班级氛围。

3. 行为目标：通过小组讨论，学生掌握面对校园欺凌的方法，提升自我保护能力，增强法治观念，主动规范自身言行，用实际行动体现社会主义核心价值观。

【学情分析】

随着自我意识的增强，学生在成长过程中，容易呈现以自我为中心、做事冲动、不计后果的心理特点。大部分学生在面对矛盾时能相互理解和包容，但是个别学生情绪化较为严重，在与其他同学的交往过程中容易因为琐事发生口角甚至欺凌。有个别学生因自卑、身体弱小等原因受过欺凌，产生心理创伤，甚至产生厌学、逃避、害怕甚至抑郁等心理问题，严重损害了其身心健康。

【教学方法】

情境体验法、案例分析法、启发教学法。

【活动设计】

（一）环节一：校园欺凌，应被看见

1. 教师活动

播放视频：校园欺凌相关数据统计。

提出问题：同学们知道什么是校园欺凌吗？有哪些现象可以视为校园欺凌？

2. 学生活动

观看视频，联系校园生活，回答问题。

设计意图：通过触目惊心的数据，引出课堂沉重话题：校园欺凌，奠定课堂主基调。

小结：①什么是校园欺凌？——校园欺凌是发生在校园内外，以学生为参与主体的一种攻击性行为，多发生在中小学。欺凌过程蕴藏着一个复杂的互动状态，欺负同学会对同学构成心理问题，影响健康，甚至影响人格发展。②校园欺凌的种类及表现：肢体欺凌——打、踢、推、撞、以物伤人、绊倒别人；言语欺凌——取侮辱性外号、嘲笑、辱骂、讥讽；排挤欺凌——不与别人玩、要求同学不与某人一起；强索欺凌——私自拿别人的东西、让别人请自己吃东西、向人索取金钱等物品；网络欺凌——利用计算机及电子科技，如透过讨论区、电邮、短讯等方式来散播伤害性的讯息、谣言或图片。

（二）环节二：校园欺凌，贻害无穷

1. 教师活动

（1）播放电影《少年的你》片段。

（2）视频回顾中关村二小欺凌事件经过。

事件给明明（被欺凌者）带来了巨大的伤害，明明恐惧上学，经诊断为急性应激反应，并且患有中度焦虑和重度的抑郁。

（3）本班欺凌事件：小明（化名，男同学）天生矮小瘦弱，成绩也在班上靠后，经常被班上几名男同学用嘲讽的语气大声喊外号。小明因对方人多势众、身材高大，也出于自卑心理，一直忍气吞声，不敢告诉老师。在班里总是默默地一个人趴在桌子上，每天早晨最早到班里（班主任了解到，因为

晚上经常失眠睡不着，干脆早起到食堂吃早饭）。明明经常找借口请假不来学校，直到有一次因为在食堂被同学大声嘲笑外号，明明回嘴，被对方推倒在地，很多同学看见了并且嘲笑他。这次事件后，明明在家里一周都不肯来上学，为此，他的妈妈非常痛心和苦恼。

提出问题：结合视频和明明的案例，同学们思考对发生在我们中国中小学的校园欺凌事件有何看法？这些事件有没有违反我国相关法律法规呢？

2. 学生活动

小组讨论，分析案例，揭示危害。

小结：校园欺凌涉及的罪名包括寻衅滋事罪、侵财犯罪、聚众斗殴罪、绑架罪、故意伤害罪、故意杀人罪等。

部分与校园欺凌有关的法律链接如下：

《中华人民共和国刑法》第十七条：

已满十六周岁的人犯罪，应当负刑事责任。

已满十四周岁不满十六周岁的人，犯故意杀人、故意伤害致人重伤或者死亡、强奸、抢劫、贩卖毒品、放火、爆炸、投放危险物质罪的，应当负刑事责任。

已满十二周岁不满十四周岁的人，犯故意杀人、故意伤害罪，致人死亡或者以特别残忍手段致人重伤造成严重残疾，情节恶劣，经最高人民检察院核准追诉的，应当负刑事责任。

对依照前三款规定追究刑事责任的不满十八周岁的人，应当从轻或者减轻处罚。

因不满十六周岁不予刑事处罚的，责令其父母或者其他监护人加以管教；在必要的时候，依法进行专门矫治教育。

《中华人民共和国未成年人保护法》第十六条规定，未成年人的父母或者其他监护人应当履行下列监护职责："（二）关注未成年人的生理、心理状况和情感需求；（三）教育和引导未成年人遵纪守法、勤俭节约，养成良好的思想品德和行为习惯；（九）预防和制止未成年人的不良行为和违法犯罪行为，并进行合理管教。"

《中华人民共和国未成年人保护法》第三十九条：

学校应当建立学生欺凌防控工作制度，对教职工、学生等开展防治学生欺凌的教育和培训。

学校对学生欺凌行为应当立即制止，通知实施欺凌和被欺凌未成年学生的父母或者其他监护人参与欺凌行为的认定和处理；对相关未成年学生及时给予心理辅导、教育和引导；对相关未成年学生的父母或者其他监护人给予必要的家庭教育指导。

对实施欺凌的未成年学生，学校应当根据欺凌行为的性质和程度，依法加强管教。对严重的欺凌行为，学校不得隐瞒，应当及时向公安机关、教育行政部门报告，并配合相关部门依法处理。

《中华人民共和国未成年人保护法》第一百条：

公安机关、人民检察院、人民法院和司法行政部门应当依法履行职责，保障未成年人合法权益。

《中华人民共和国预防未成年人犯罪法》第二十条：

教育行政部门应当会同有关部门建立学生欺凌防控制度。学校应当加强日常安全管理，完善学生欺凌发现和处置的工作流程，严格排查并及时消除可能导致学生欺凌行为的各种隐患。

设计意图：通过观看中关村二小欺凌事件经过视频和本校校园欺凌的案例，以身边的现象引起学生重视，分析校园欺凌的危害，让学生从情感层面增强规则意识和道德情操，培养学生同理心，构建友善互助、文明和谐的班级氛围。

（三）环节三：拒绝欺凌，依法有方

1. 教师活动

提出问题：针对以上案例中小明妈妈的求助，同学们有什么方法？

2. 学生活动

（1）小组讨论，思考应对校园欺凌的对策，为小明献计献策。

（2）观看微视频《你的未来，我守护》。

小结：①当遇到欺凌时，应该保持镇定，最好不要表现出害怕或哭泣，这会让欺负你的人觉得你很好欺负而继续欺负你；及时向老师、家长、警察求助；或者向路人呼叫求助，采用异常动作引起周围人注意；安全第一，可以试着通过警示性的语言击退对方，或者通过有策略的谈话和借助环境来使自己摆脱困境，但是不要去激怒对方。②预防校园欺凌，不做受害者，不携带较多的钱和手机等贵重物品，不公开显露自己的财物；尽量结伴而行；与同学友好相处要宽容、理性、平和解决矛盾，不采用过激方式；提升自我防护意识和防护能力，平时加强身体素质训练，以便在危险的时刻进行自保。③不做欺凌者。故意殴打他人、暴力侮辱他人、暴力索取他人财物、故意非法伤害他人等，有可能构成我国刑法中的寻衅滋事罪、强制侮辱罪、抢劫罪、故意伤害罪等，触犯法律会受到相应的惩罚。不做煽动者和旁观者。冷漠是欺凌的帮凶，纵容是施暴者的庇护所。拒绝煽风点火，拒绝成为欺凌者的"帮凶"；拒绝当事不关己的旁观者，在能力范围内施以援手，帮助被欺凌者；及时向老师、家长报告，甚至报警。

设计意图：小组探讨分析小明的案例，集思广益，帮助小明走出困境，让学生初步思考应该如何应对校园欺凌；观看法治微视频，让学生更进一步从理性层面掌握如何应对校园欺凌，增强学法守法意识和用法能力。

（四）环节四：制订手册，庄严宣誓

1. 教师活动

教师组织学生制订手册。

2. 学生活动

综合上个环节对小明案例的探讨对策和法治微视频，小组合做《预防和应对校园欺凌宣传手册》，全班庄严宣誓。

（五）结束语

共同遵守规范，法律守护未来。阳光星辰，与法相随，与你相伴。吾爱吾少年，让少年的你远离校园欺凌，共助健康成长。

（六）作业设计

修改完善课堂集中各小组智慧制作的《预防和应对校园欺凌宣传手册》，优化成图文手册，在本校各班宣传下发。

第五节　劳动实践主题班会

　　劳动是人类特有的基本社会活动。劳动实践是落实劳动课程内容及其教育价值，体现课程实践性特征，推动学生"做中学""学中做"的重要实施载体。

　　劳动实践包括生活劳动（如收纳整理、烹饪、家务劳动等）、生产劳动（种植养殖、手工制作、农耕木工等）、服务性劳动（志愿服务等）项目。

践行低碳生活　共筑绿色校园

深圳高级中学（集团）北校区　艾春花

　　人与自然是相互依存、相互联系的整体，保护自然就是保护人类自己，建设生态文明就是造福人类。习近平总书记多次强调，要增强全民节约意识、环保意识，倡导简约适度、绿色低碳的生活方式，把建设美丽中国转化为全体人民自觉行动。为引导学生树立"节约光荣、浪费可耻"的意识，养

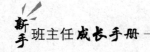

成节能环保习惯，践行绿色生活方式，开展环保教育主题班会，旨在把节能环保、绿色生活纳入日常教育教学之中。

【课时目标】

1. 开展环保调查、"碳中和"校园创意设计方案等活动，培养学生的环保意识、资源忧患意识、勤俭节约意识，引导全体学生树立绿色生活理念，促使学生养成人走水停、人离电断的好习惯。

2. 以校园生活为出发点和落脚点，学生能够认识到日常生活中的微行为对生态环境的影响，意识到环境保护的必要性和重要性，初步形成绿色生活的理念。

【学情分析】

当前，家庭教育、学校教育和社会宣传等方面存在缺失或者不力的地方，个别学生在日常生活中存在浪费资源、破坏环境等生态意识淡薄的行为，如校园生活中存在浪费粮食、没有及时关停水电的情况。因此，加大对中学生资源环境国情教育和生态意识培育的力度，增强青少年对环境的忧患意识，引导学生持续关注生态文明建设，在校园生活、家庭生活中践行环保行动，促进人与自然和谐共生，是建设美丽中国的重要一环，也是促进中学生全面发展和核心素养培育的内在要求。

【教学方法】

情境体验法、启发教学法。

【活动设计】

（一）环节一：探校园生活，感悟环保价值

1. 教师活动

呈现校园场景照片：空无一人的教室，空调呼呼吹着；洗手间的洗手台人走水在流；随意扔弃的白纸。

提出问题：你知道教室空调开一个小时耗费多少电吗？水龙头流一个小时浪费多少水？你知道一度电、一吨水、一吨废纸的价值吗？

2. 学生活动

联系生活，回答问题。

小结：有关于"1"的小知识。

一度电的价值——可以使9瓦的节能灯照明100小时以上；可以使电动自行车跑80千米；可以与1000个市民通话15分钟；可以灌溉0.14亩小麦；可以生产15瓶啤酒……如图5-5-1所示。

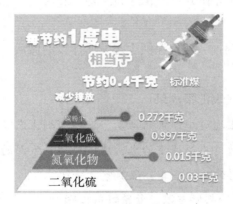

图5-5-1　节约用电

一吨水的价值——一吨水可以炼钢100kg、生产水泥200kg、生产食用油250kg、炼油2000kg、造纸100kg、生产红砖2000块、生产电视机11台、发电2500度……

一吨废纸的价值——1吨废纸=17棵树=3336250美元。

一棵中等大小的树木——按生长50年计算，其创造的直接与间接价值为：生产氧气的价值31250美元；防止空气污染的价值62500美元；保持水土的价值37500美元；防止流失增加肥力的价值31250美元；为牲畜挡雨遮风提供鸟巢的价值31250美元；制造蛋白质的价值2500美元。1棵树总计196250美元！那回收1吨废纸所保护的17棵树就是3336250美元！

为什么要环保？——目前地球面临环境污染、资源浪费、日益严重的人

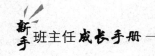

口压力，我国在发展过程中也面临这些挑战。人与自然和谐共生，保护环境就是保护人类自己，建设生态文明也是人类的共识和时代的选择。

设计意图：以学生的生活逻辑设计课程，构建生本课堂。学生通过观看直观的校园生活场景照片，认识到日常生活中的微行为对生态环境的影响，意识到环境保护的必要性和重要性，初步形成节约用电用水、绿色生活的观念，初步建立情感态度价值观目标。

（二）环节二：观深圳之变，点赞中国方案

1. 教师活动

课前布置小组探究任务：调查深圳河流、公园、小区环境状况。

2. 学生活动

（1）课前小组调查，搜集深圳生态文明建设的做法，发现深圳生态环境的变化。

（2）课堂各组代表汇报成果。

设计意图：学生通过小组调研活动，发现深圳生态环境之变，感悟当今的美好生活。学生通过感悟城市治水、建设公园等方面的决心和行动，提升政治认同、责任担当的核心素养，涵养家乡情怀。

（三）环节三：绘美好蓝图，共筑绿色校园

1. 教师活动

提出问题：如何打造绿色环保校园？

2. 学生活动

（1）各小组团结合作，完成"碳中和"校园创意设计方案——我为校园低碳做贡献，展示方案。（可图文并茂，用公益广告、倡议书、诗歌等多元方式呈现）

（2）限时接龙游戏：每组接龙列举生活环保小知识。

设计意图："碳中和"校园创意设计方案的实施过程引导学生关注校园生活，关心校园环境，培养学生的责任意识、爱校意识；环保小知识接龙游戏充分调动学生兴趣，激发小组合作与竞争意识，活跃课堂氛围的同时引导学生关注现实生活，树立环保意识。

生活中的环保行为："光盘行动""护绿行动"；回收废纸，白纸双面使用；尽量少用清洁剂，选择用肥皂，减少水污染；爱护花草树木；爱护野生动物，拒食野生动物；垃圾分类回收……

（四）结束语

勤俭当从点滴出，绿色减排共行动，生态建设我为主，践行低碳同保护！让我们少一些不经意，多一些责任，从我做起，从小事做起。让我们行动起来，用爱心去关注环境变化，用热情去传播环保理念，用行动去肩负环保责任。绿在心中，重在行动，树绿色理念，创绿色学校，建美丽中国！

（五）作业设计

（1）综合整理各小组方案，改善优化，编辑制作《校园低碳生活环保宣传小册》。

（2）以小组为单位参加校园环保行动，如垃圾分类、去紫苑种花种草、去本校食堂做抵制粮食浪费监督员等。

（六）拓展空间

（1）推荐观看纪录片《美丽中国》《蓝色星球》。

（2）推荐阅读书目《寂静的春天》《瓦尔登湖》。

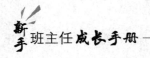
第六节　青春交往主题班会

内容简介

　　青春，是生命旅途中一个崭新的起点。青春，是人生画卷中最华美的篇章。在青春的美好时光里，总有一种关注让我们心存感激，总有一种情愫让我们难以割舍，总有一种选择让我们兴奋或者纠结……

　　青春交往板块主要有亲近自然、沟通父母、结交朋友（异性交往、应对性骚扰）3个模块：亲近自然模块让学生认识生态平衡、保护自然环境、学会绿色生活；沟通父母模块让学生学会理解尊重、懂得孝敬父母、承担家庭责任；结交朋友模块让学生掌握选择良师益友、应对同辈压力、提升社交能力的方法。

青春友约

深圳高级中学（集团）北校区　　祁菲

【课时目标】

1.尝试寻找与同学交往过程中出现困惑或矛盾的原因。

2. 寻找交往过程中处理矛盾的方式和处理结果之间的联系。

3. 了解同学之间交往的前提——相互尊重。

4. 掌握同学交往的基本技巧：恰当表达、积极倾听、学会赞美。

【学情分析】

大千世界五彩缤纷，我们的身边总是有各色各样的人存在，他们的性格也多种多样。我们每天都会与父母、老师、同学、家人甚至是陌生人发生一定的联系，如何与他人相处呢？相处是一门大学问，学会与身边的人相处，对我们来说是十分有意义的。

良好的人际关系是心理健康的表现和促进剂。同伴关系是初中学生人际关系中最基本的一种。初中生交友的烦恼和困惑大多来自同学之间的交往，学生在日常交往过程中会不可避免地出现这样或那样的矛盾和冲突。针对这种情况，本节班会课旨在帮助学生学会辩证地处理这种问题，使学生学会化解矛盾，协调人际关系。

【教学方法】

问题讨论、情境演绎。

【活动设计】

（一）设计情景、引出课题

观看视频，并给所看的视频起一个名字。

（二）新课讲授

过渡：情景再现——到底是谁的错？

活动1：课本剧《一本作业引发的"血案"》

A生去拿B生的作业本，遭到B生阻拦。

A生说："写了不文明话的作业本是你的，而不是我的，你要给大家看！"

B生说："凭什么？不要乱动我的东西！"

A生："我是在不知情的情况下，写上了我的名字，老师误以为是我的作业本，所以批评了我。"

B生："谁让你在我作业本上写你的名字？"

A生感觉到不被尊重，挥起了自己的拳头，两人打了起来。

提问：分组讨论两分钟，说说你的观后感。

活动2：8分钟小作文《难忘的××》

作文要求：回忆并记录，你在与同学交往的过程中觉得自己或别人做得很好，让你感到愉悦，或者做得不够好，让你受到伤害的一件事。

达成目标：生生互动，说出隐藏在自己心中的人际交往困惑。

活动3：小组讨论

你出现困惑的原因是什么？你处理矛盾的方式和处理结果是怎样的？

活动探究：分析归类自我中心、片面认知、不懂表达、过于理想化的思维模式，以及冷处理法、矛盾激化法、谦让或主动与人和好法利弊分析。

达成目标：学生之间相互启发讨论，从认识自我开始，逐步解决人际交往中的矛盾。

过渡：古希腊哲学家亚里士多德曾说："一个生活在社会之外，同人不发生关系的人，不是动物就是神。"的确，我们每个生活在社会中的人都必须和别人相处，人际关系将伴随我们的一生。但是，在与别人的交往中，有的人如鱼得水，左右逢源，受到大家的欢迎；有的人为人孤僻，不讨人喜欢，处处碰壁，这就涉及社交艺术的问题。在生活中，我们都希望别人喜欢自己、真心地赞美自己、重视自己、相信自己、帮助自己，而要得到这些，我们必须先做到这些，因为只有在交际中相互尊重，才能使交际顺利进行并得到长久的发展。

活动4：小游戏——"你吹我爆"

游戏规则：用牙签扎吹起来的气球，使气球放气，但是不能发出"啪"的爆炸声。按照我们的习惯都是扎气球张力最大的地方，可是主持人扎了气球最松弛的地方，气球没气了，也没有发出"啪"的爆炸声。

达成目标：人际交往就像气球和牙签，气球张力最大的地方是碰不得的。人最敏感、最不愿意让人知道的事，千万别去碰，更不能揭穿它。俗话说：打人不打脸，揭人不揭短，就是这个道理。以相互尊重为前提的交往，才是人际交往的良好开端。用心去换心，这样才能让别人去信赖你。

活动5：小组分享

活动探究：分享你在与同学交往过程中的成功案例，总结同学之间的交往技巧。写下你们的讨论结果，每组选择一名发言人进行汇报。

达成目标：小组合作启发讨论，在和别人相处的过程中，你希望别人怎么对你，也应该怎么样去对待别人，如学会换位思考、懂得感恩、待人真诚宽容、充满善意、信守承诺等。

过渡：从自身做起，换位思考，已所不欲勿施于人。你将怎样付诸实践呢？

活动6：现场演练——请你来出金点子

问题1：我们班有47名同学，虽然我从没和谁发生过矛盾，但是关系都一般般。我有一颗不服输的心，每当学校"深高之星"颁奖时，我就暗下决心，有一天我也要站在领奖台上。我的课余时间都用来学习，我不喜欢主动与人交往，我感觉很多同学身上总有这样那样的毛病令我无法忍受。但是时间久了，我感觉自己处于被孤立的状态。上课时没人跟我同组，放学后没人跟我同行，只剩我自己孤独一人……

问题2：小丽是我们班的科代表，成绩优秀、口才出众、工作能力超强，可是她却十分烦恼：为什么每回班级评选三好学生都没有同学选我？

场景1：课间，某同学请教小丽题目，可是小丽却嘲笑这位同学笨，然后以大家长的口吻质问同学为什么上课不认真听讲，讲一堆大道理，又以要做作业为借口推脱。

场景2：班级需要出板报，小丽擅长画画，宣传委员小林希望小丽留下来帮忙，可是小丽以作业多为由，拒绝了……

达成目标：找到问题的结局措施，培养学生推己及人、换位思考的能力。

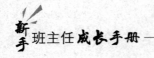

（三）评价方式

小组互评。

（四）作业设计

主题：请你设计一张人际交往心智导图，与大家分享。

第七节　生涯规划主题班会

内容简介

　　未来社会充满机遇和挑战。即将初中毕业的学子，将要迎来新的生活环境。生涯教育能够辅导中学生寻找自身生涯目标，并找到实现目标的实践路径，满足自身发展需要与社会发展需要。中学生生涯规划是指中学生在对自身能力、经验、兴趣、爱好、特点等进行全面系统地分析总结和权衡的基础上，在成人的帮助下，结合时代发展特点和社会发展需要，确定其未来合理的学业与职业目标，并为实现这一目标做出行之有效的规划。

　　生涯规划篇主要包括学业规划、职业探索、自我发展（认识自我、决策能力、终身学习、社交能力、团队合作）、公民意识与身份认同等。

ChatGPT，你怕了吗？

——人工智能狂飙之下的慢思考

深圳高级中学（集团）北校区　艾春花

【课时目标】

1. 核心素养目标：理性辩证看待人工智能对人类的影响；认识人类不同于人工智能的独特性所在，体悟和肯定人的价值；拓展思考人类如何应对人工智能的挑战。

2. 关键能力目标：辩证认识ChatGPT等人工智能的利弊；尝试深度思考人类不同于人工智能的独特价值。

3. 必备知识目标：简要了解ChatGPT是什么，目前能做什么；辩证分析ChatGPT等人工智能对人类生产生活的影响。

【学情分析】

随着互联网的迅猛发展，人类社会进入信息化、数字化、网络化时代。信息化、数字化、数据化已经成为现代社会的主要趋势，尤其是互联网发展到移动互联网阶段，青少年和互联网已经是"零距离"接触。

一方面，由于青少年学生对互联网的浅层次运用，他们对互联网技术给人类社会在经济、政治、文化和科技创新等方面带来的影响力理解不足，不能深入认识基于互联网技术的大数据等对人类社会进步的重要意义。

另一方面，纷繁复杂的网络信息、多样性文化与价值观削弱了家长和教师在学生面前的权威性。同时，青少年作为网络交往的主体，既参与构建网络文化，也深受网络文化的影响。在充分享受互联网带来的便利与社会进步的同时，冗余信息、不良网络文化甚至网络文化中的违法犯罪也给心智尚未成熟的中学生的成长带来一定的困扰。因此，引导学生正确认识互联网，合理利用网络等媒介，提高青少年的媒介素养，是教育领域面对的一个迫在眉睫的课题。

【教学方法】

情境教学法、启发教学法、案例分析法、情感体验法。

【活动设计】

（一）ChatGPT是什么

1. 创设情境

观看视频：ChatGPT是个啥东西？

2. 引出问题

（1）你知道ChatGPT吗？

（2）综合调查报告，结合自身经历，说说人工智能在日常生活中的应用。

3. 活动探究

活动1：现场人机对话

设计意图：学生通过观看短视频，简要认识ChatGPT是什么；学生通过现场人机对话，谈谈使用人工智能的体验感受；学生通过课前的调查报告，了解不同年龄、职业群体使用人工智能的情况，归纳人工智能渗透人类生活的哪些方面。

（二）ChatGPT对人类而言，利大于弊还是弊大于利

1. 创设情境

以人机互动活动以及调查报告为出发点，开展班级辩论赛：ChatGPT对人类而言，利大于弊还是弊大于利？

2. 引出问题

辩论赛：ChatGPT对人类而言，利大于弊还是弊大于利？

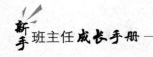

3. 活动探究

活动2：班级辩论赛

活动包括自由辩论和结辩环节。

设计意图：学生通过唇枪舌剑的自由辩论环节，辩证分析人工智能的利和弊；学生通过结辩环节，锻炼归纳总结、综合概括能力和临场表达能力。

（三）AI会取代人类吗

1. 创设情境（现场人机PK赛）

小组合作：以下三项任务任选一项。

（1）为学校写一篇宣传文案，要求：凸显学校特色，文案简练优美。

（2）推荐一张深圳城市名片，要求：体现深圳特色，呈现方式多元。

（3）马上面临中考，D同学感到压力很大，非常焦虑，作为他的好朋友，你打算如何帮助他缓解焦虑？

评判人工智能和同学们的作品哪个更佳，说明理由。

2. 引出问题

小组讨论，深度思考，展开想象：AI会取代人类吗？

3. 活动探究

活动3：小组合作

现场人机PK大战，如作诗、绘画、写宣传文案、人际关系互动等。

深度思考，展开想象：AI会取代人类吗？

设计意图：通过比对人工智能和人类的创作，感受人工智能的神奇力量，从而感悟科技之魅力；通过深度思考人类不同于人工智能的独特之处，审视人类的价值和尊严，领悟人类的独特之美，培育人文情怀。

（四）有了chatGPT，我们还要学些什么

1. 创设情境

《流浪地球2》中说，"从历史上看，文明的命运取决于人类的选择"。人工智能如何发展，也取决于人类的选择。

2. 引出问题

问题：有了ChatGPT，我们还要学些什么？

3. 活动探究

思考：基于目前ChatGPT海量的数据存储、计算能力、快速整合等强大功能，我们应该学习什么、如何学习？

要求：请你从各科目的学习角度，积极思考；参照以下示例，任选一门科目简要阐述。

示例：在劳动教育中，我们要学习烹饪技能，培养自立能力，树立感恩之心。

设计意图：领悟学习的意义，我们应该如何学习，学习什么；思考人类在未来应该如何提升自身的核心竞争力，以应对人工智能的冲击，培养开放思维、创新思维。

（五）板书设计

ChatGPT，你怕了吗？——人工智能狂飙之下的慢思考，如图5-7-1所示。

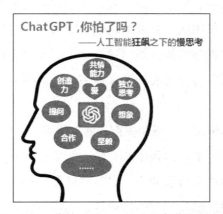

图5-7-1　ChatGPT，你怕了吗？——人工智能狂飙之下的慢思考

（六）作业设计

1. 课前作业

课前设计一份调查问卷，开展调查，了解班级同学、家庭成员、社区使用人工智能的情况。

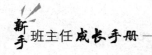

2. 课后作业（二选一）

（1）观看《机器人总动员》或《人工智能》影视频，和父母或同学分享观后感。

（2）打卡深圳一处科技创新基地（深圳市科技馆、华为、腾讯、大疆公司等），和父母或同学分享观后感。

（七）拓展空间

（1）观看《机器人总动员》或《人工智能》影视频，和父母或同学分享观后感，打开想象空间。

（2）打卡深圳一处科技创新基地（深圳市科技馆、华为、腾讯、大疆公司等），感悟科技的魅力。

（八）教学反思与改进

1. 真教学在"生活中"：情境活动，立足生活

以学生的生活为基础，有机融入主题教育内容，是班会课程的基本理念。本单元以调查问卷、师生访谈、观察等形式开展了充分的学情调查，分析了学生使用网络、使用人工智能的现状和需求，找到适合的切入点设置并分析问题，具有思辨性和开放性的问题设计，引导学生理性思考使用人工智能等科技过程中出现的各种现实问题，促使学生质疑、批判、辨析、发散，使其思维能力提升。

2. 真问题在"思辨点"：互动探究，深度学习

教师在推进教学环节的过程中结合学生的思想实际，提供思维判断选择的条件，激起学生的内心价值冲突，以达到优化原有认知结构，提高心理和道德水平的教学效果。强化问题的指向性、思辨性和开放性，通过"情境感受，理性辨析，情感升华"的设问梯度，学生在比较鉴别、问题冲击中发展思维，提高认识，开展深度学习。

3. 真成长在"素养上"：归纳总结，立足素养

本单元课程设计了调查、辩论、评析、写宣传语、拟写上网协议书、人机PK等多种活动形式，充分发挥学习小组的作用，引导学生围绕议题展开丰富多彩的活动体验，在真实问题的分析和解决中推进科技视域、开放思维、人文情怀素养的整体提升。

我的青春不迷茫

——初中生生涯规划

深圳高级中学（集团）北校区　艾春花

暑期前后，网上有关高考报专业的言论引发广大网友热议，是根据个人兴趣爱好还是随波逐流报考热门专业，追求世俗的成功？从事一定的职业，是个人为社会做贡献、实现人生价值的基本路径。中学时代将见证每一位同学从少年到青年的生命进阶，将为人生长卷铺就更加丰富而厚重的底色。这个阶段，我们开始探索和规划对自己的未来，因此，初中生有必要做好生涯规划。

【课时目标】

1. 学生通过职业变迁的分析，做出科学的职业规划，将个人的兴趣与国家和社会的发展相结合，增强担当精神与参与能力，培育责任意识素养。

2. 学生通过对榜样的学习，学会处理职业和兴趣的关系，树立正确的劳动观，理解爱岗敬业、奉献社会的职业道德，培育道德修养。

【学情分析】

不同学生的未来发展道路不尽相同。九年级学生即将面临初中毕业，有些学生将进入高中继续学习，有些学生将进入中等职业学校继续学习，有些

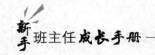

学生则可能直接走上职业岗位……站在人生的转折点，面对未知的未来，学生普遍感到彷徨与担心。面对日新月异的社会发展、多样的职业选择，有些学生还没做好准备，有些学生认为职业有高低贵贱之分，有些学生认为离开了学校就不需要再学习了。科技进步、社会发展催生多种职业，国家发展、民族振兴需要多样的人才，青少年需要紧跟时代发展的步伐，坚持不断地学习，做好职业规划与准备。

【教学方法】

情境教学法、案例分析法、启发教学法。

【活动设计】

（一）环节一：探职业，觅方向

1. 课堂导入

热身小游戏：看动图，识职业。

设计意图：播放形象的动图，激发学生课堂兴趣，集中注意力，导入本课主题：职业生涯规划。

2. 新课讲授

（1）教师活动

课前下发调查问卷：

① 你最想从事什么职业？

② 为什么你最想从事这个职业？

③ 你觉得自己能胜任这个职业吗？

④ 你如何看待父母的职业？

（2）学生活动

完成职业规划清单第一部分——自我分析。见表5-7-1。

表5-7-1　职业规划清单

你未来想从事的职业：_____

自我分析	兴趣爱好	
	当下能力	
环境分析	职业前景	
	职业要求	
未来规划	行动计划	
	评估调整	

小结：什么是生涯规划？——生涯规划是一个人在考虑了个人兴趣、价值、智能、性格及外界客观环境后，确立的生涯奋斗目标，并对未来的生涯历程进行妥善规划安排。在这种安排下，个体能依据计划在一定时期内充分发挥自我潜能，并运用环境资源达到各阶段的职业成长，摆正自己人生的位置，最终达到既定的生涯目标。

为什么初中生要做生涯规划？——探寻人生目标，获得持续动力。做生涯规划能为初中生的学习提供方向和动力，有利于学生更好地认识自己，做出更科学的选择；做生涯规划顺应了现阶段教育改革的浪潮，更是应对当下学习、就业等各方面严峻形势的迫切需要。

设计意图：调查问卷以学生真实生活为基础，引导学生思考自己未来想从事的职业方向，学生通过对职业的感性认识，了解从业的基本条件和能力要求，自觉做好职业准备；学生通过填写规划清单自我分析部分，冷静思考自己的兴趣爱好、特长等个性特征，学会反思，根据变化着的实际情况适时调整目标与行动。

（二）环节二：观变迁，明前途

1. 教师活动1

播放视频（央视新闻：职业变迁）

提出问题：请关注视频中哪些是已经消失或正在消失，以及正在兴起的职业？

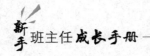

2. 学生活动1

观看视频，回答问题：

（1）为什么有些职业会消失，有些职业会产生？

（2）这些职业变化对我们未来的职业规划有什么启示？

3. 教师活动2

出示2020—2025年中国十大重点领域人才缺口预测图表，见表5-7-2。

表5-7-2　2020—2025年中国十大重点领域人才缺口预测图表

行业	2025年人才缺口数量预测（万人）	人才总量复合增长率（%）	人才缺口复合增长率（%）	人才总量复合增长率与人才缺口复合增长率差值（%）
新一代信息技术	200	2	5	3
电力装备	498	7	17	10
新材料	100	2	6	4
高档数控机床和机器人	150	4	8	4
海洋工程装备及高技术船舶	10.2	2	10	8
节能与新能源汽车	35	7	9	2
生物医药及高性能医疗器材	20	5	12	7
航空航天装备	27.7	7	19	12
农机装备	27.1	10	21	11
先进轨道交通	4.6	2	12	10

资料来源：《制造业人才发展规划指南》前瞻产业研究院整理。

总结学生的分享：职业随着社会进步和发展而变化，在经济全球化时代，科学技术突飞猛进，社会分工逐渐细化，引起传统职业的变革和新兴职业的兴起。职业选择更加丰富，发展空间更加广阔，这给我们带来更多的就业机会，同时对劳动者的素质提出了更高的要求，带来更多就业挑战。

4. 学生活动2

完成职业规划清单第二部分——环境分析。

设计意图：引导学生用历史的眼光看待职业的变迁，使学生认识到职业会随着社会的变化发展而发生变化，帮助学生用发展的观点思考自己的职业理想，制订职业规划。

（三）环节三：塑精神，向未来

1. 教师活动

案例1：

陋室艺术家："一手烟火，一手画笔"。"煎饼画家"61岁大爷租房边卖煎饼边自学画画。李家智从没有学过画画，凭着热爱在花甲之年自学自画。在他居住的出租屋内，墙壁上挂满了他的画作，包括山川河流、花鸟虫鱼、生产劳作等，无不生动传神，有网友称这是"现实版陋室铭"。

提出问题：职业选择是更侧重个人兴趣还是社会热门行业？"煎饼画家"的例子给我们的人生带来什么启发？

案例2：

古慧晶从小喜欢汽油的味道，尤其是从电影荧幕中看到酷炫的驾驶技巧和汽车改装，她都会觉得兴奋。初中毕业后，古慧晶义无反顾地选择了二职的汽修专业。

她每天从早上8点开始进行学习和训练，直到晚上10点才结束，还会复盘当天训练中不足的地方，为第二天的进阶和完善做准备。今年4月，日复一日地深耕细作让17岁的古慧晶在广东省职业院校学生专业技能大赛汽车机电维修赛项目夺得一等奖，成为广东省第一个参加此类赛事并夺冠的女生。

提出问题：古慧晶的职业道路给你选择职业带来什么启示？

2. 学生活动

（1）小组讨论，分享对以上问题的所思所想。

（2）完成职业规划清单第三部分中的行动计划。

小结：走向未来，我们应怎样做好职业准备？

① 考虑自己的兴趣爱好，明白自己想做什么。

② 要把握自己的个性特长，清楚自己适合做什么。

③ 要结合自己的能力和经验，思考自己能够做什么。

④ 当经验、能力与职业的要求差距较大时，要加强学习，提高自身素

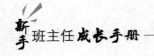

质，适应工作岗位的要求，满足国家与社会发展的需要。

设计意图：通过陋室艺术家的例子引导学生深思，当职业并非自己的热爱时，仰望星空和脚踏实地是可以同时兼备的，既要谋生存，又要通过自身努力坚持心中的热爱，让自己的生活有小确幸；通过古慧晶的例子引导学生思考如何做好职业准备，发现、培养自己的兴趣爱好，尽可能找到自己感兴趣的工作。引导学生理解敬业精神的内涵，使学生主动向榜样学习，自觉培养敬业精神，提高职业技能，为国家和社会做贡献。

（四）结束语

有规划的人生是航行，没有规划的人生是漂泊。卡尔·马克思说：如果我们经过冷静考察，认清了所选择的职业的全部分量，了解它的困难以后，仍然对它充满热情，仍然爱它，觉得自己适合于它，我们就可以选择它，这样我们既不会受热情的欺骗，也不会仓促从事。所谓的成功就是长久地坚持你的信仰。望同学们把握当下，锚定目标，踔厉奋发，让我们的青春不迷茫。

（五）作业设计

（1）做一份职业心理测评MBTI职业性格测评（专业版）。

（2）结合十年后的职业规划，请你选择合适的采访对象，拍摄未来一天的工作视频，近距离体验工作内容，并在视频结尾分享自己的感悟。

要求：视频不超过10分钟，清晰流畅，主题明确，内容完整。

（3）选做题：职业体验。关注一些招聘平台，利用寒暑假进行实习或者兼职。

（六）拓展空间

看系列纪录片《大国工匠》，学习工匠精神。